GYP

Mon
ami Pierrot

CONTE BLEU

PARIS

ERNEST FLAMMARION, ÉDITEUR

26, Rue Racine, 26

OUVRAGES POUVANT ÊTRE MIS ENTRE TOUTES LES MAINS

ACKER (PAUL)
Les exilés. Nouvelle édition illustrée
(1 vol.). 7 50

AICARD (JEAN), de l'Acad. française.
Arlette des Mayons (1 vol.). . . 5 »

A. ANIG (MATHILDE)
Ma Cousine Nicole (Ouvrage couronné
par l'Académie française) (1 vol.) . 7 »
Rayonne ! (1 vol.). . . . . . . 7 »
Derrière le voile (1 vol.). . . . 7 »
Le sachet de lavande (1 vol.). . 7 »
La gloire de Fonteclaire, roman. 7 50
L'aube du cœur, roman (1 vol.). 7 95

BAILLEHACHE (COMTESSE DE)
Les mains pures (1 vol.). . . . 7 »
Princesse Fégoroff (1 vol.) . . . 7 »

BERNARD (TRISTAN)
L'affaire Larcier, roman 6 50

BORDEAUX (HENRY), de l'Acad. française
La Nouvelle Croisade des Enfants
(1 vol. illustré) 7 50

BOURGIER (EMMANUEL)
Les Gens de Mer (1 vol.). . . . 5 »

DANRIT (CAPITAINE)
La Guerre souterraine (Robinsons
souterrains) (1 vol. illustré). . 7 50
Au-dessus du Continent noir (1 vol.
illustré). 7 50
L'Aviateur du Pacifique (1 vol. ill.). 7 50
Robinsons Sous-Marins (Ouvrage
couronné par l'Académie française)
(1 vol. illustré) 7 50
Robinsons de l'air (1 vol. illustré). 7 50

DAUDET (ALPHONSE)
La Belle-Nivernaise. Histoire d'un
vieux bateau et de son équipage
(1 vol.). . . . . 7 »
Tartarin de Tarascon (1 vol. ill.). 7 50
Tartarin sur les Alpes (1 vol. ill.). 7 50
Port Tarascon (1 vol. illustré). 7 50
Robert Helmont (1 vol. illustré). 6 »

DELLY
Le fruit mûr (1 vol.). 7 50
Mitsi (1 vol.). 7 50
La chatte blanche (1 vol.). . . 7 50

DES GACHONS (JACQUES)
Ma tante Anna (1 vol.). . . . . 7 »

FARRÈRE (CLAUDE)
Mes voyages (La promenade d'Ex-
trême-Orient (1 vol.). 7 50

FARRÈRE (CLAUDE) ET CHACK (PAUL)
Combats et batailles sur mer
(1 vol.) 7 95

FISCHER (MAX ET ALEX)
Camembert-sur-Ourcq (1 vol.) . 7 »

FOLEY (CHARLES)
Le Roman d'un Soldat (1 vol.) . 5 75
Tuteur (1 vol.). . . . . 7 »
Sylvette et son Blessé (Ouvrage
couronné par l'Académie française)
(1 vol.). 7 50
Le parc aux oiseaux bleus (1 vol.). 7 »
Le manoir aux loups (1 vol.). . 7 50
Le cygne au collier d'or (1 vol.). 7 50

FONCK (RENÉ), Capitaine pilote aviateur
Mes Combats. Préface du Maréchal
Foch (1 vol.). . . . . 7 »

FRAPIÉ (LÉON)
Nouveaux contes de la Maternelle
(1 vol.). 5 75

FRAPPA (JEAN-JOSÉ)
La princesse aux clowns (1 vol.) 7 »

GASQUET (MARIE)
Tante la Capucine, roman (1 vol.) 7 95

GÉNIAUX (CHARLES)
La lumière du cœur (1 vol.) . . 7 »
Le château clair de lune (1 vol.) 7 »

GOUVIEUX (MARC)
Le maître de l'air (1 vol.) . . . 7 50

GUITRY (LUCIEN)
Risquetou (1 vol.) . . . . 5 »

HERMANT (ABEL)
Histoires héroïques de mon ami
Jean (1 vol.). . . . . 5 »

LEVEL (MAURICE)
La cité des voleurs (1 vol.) . . 7 50

MACHARD (ALFRED)
Popaul et Virginie (1 vol.). . . 5 »
Le loup-garou (1 vol.) . . . . . 7 »

MALOT (HECTOR)
Sans Famille (2 vol. illustrés), l'un. 7 50
En Famille (2 vol. illustrés), l'un. 7 50
La Petite Sœur (2 vol. ill.), l'un. 7 50

PAILLOT (FORTUNÉ)
Monte à dessus (1 vol.). . . . . 5 »

PREVOST (MARCEL), de l'Acad. française.
L'art d'apprendre (1 vol.). . . . 7 »

ROSNY AINÉ (J.-H.), de l'Académie Goncourt
L'étonnant voyage de Hareton
Ironcastle (1 vol.). . . . . . 7 »

SÉE (EDMOND)
Un Cousin d'Alsace (1 vol.). . . 5 »

TRILBY (T.)
Amoureuse espérance (1 v.). . . 5 »
Arlette, jeune fille moderne (1 v.) 7 50
Le droit d'aimer (1 vol.). . . . 7 »
La rose du moulin (1 vol.). . . 7 »
Rêve d'amour (1 vol.). 7 50
Zab et Zabeth (1 vol.). 7 50

VALLERY-RADOT (RENÉ)
La vie de Pasteur (1 vol.) . . . 8 »

WETTERLÉ (ABBÉ E.)
En Syrie avec le général Gou-
raud (1 vol. illustré). 7 50

9040. — Paris. — Imp. Hemmerlé, Petit et Cie. 3-25.

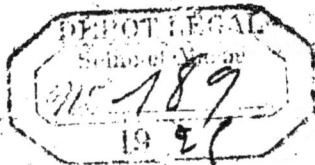

Mon ami Pierrot

OUVRAGES DU MÊME AUTEUR

E. GREVIN — IMPRIMERIE DE LAGNY

GYP

—

Mon ami Pierrot

CONTE BLEU

PARIS

ERNEST FLAMMARION, ÉDITEUR

26, RUE RACINE, 26

À POUCETTE,

SON VIEIL AMI

GYP

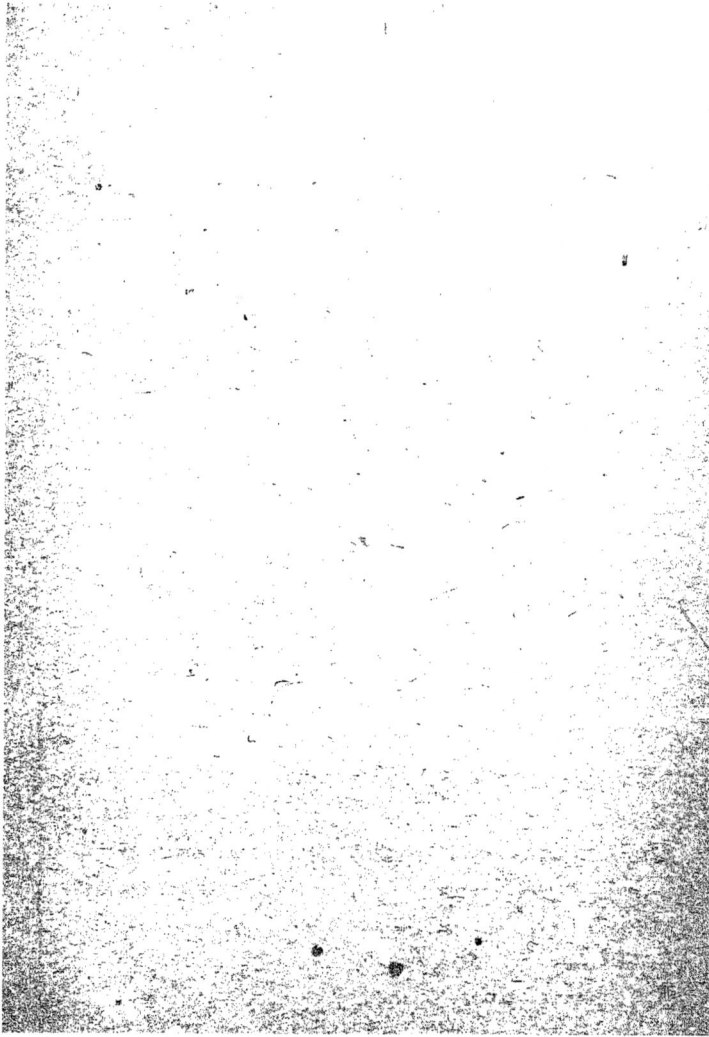

Mon ami Pierrot

I

— Monsieur le Curé, je vous demande
pardon de vous déranger à cette heure-ci...
Vous étiez à déjeuner, je parie?...

— Non, madame la Duchesse... Non...
pas du tout...

— Je suis sûre que si... N'est-ce pas, Manette, monsieur le Curé était encore à
table?...

La servante interpellée répondit, affectueuse et bourrue :

— A table... Ah! Ouat!... Y a belle lurette
qu'on l'a dérangé d'manger... qu'il était
pour le quart d'heure en train d'farfouiller
dans l'doigt d'un' vielle... ainsi...

L'abbé Sylvain dit en riant :

— Je retirais une écharde qu'une bonne femme s'est enfoncée dans le doigt...

Manette l'interrompit pour protester avec véhémence :

— Que c'est-t-honteux, madame la Duchesse !... qu'on l'y laisse même plus la p'tite minute de rien du tout qu'y l'y faut pour bouffer à c't'heure !...

Madame d'Arboise regardait la servante avec des yeux arrondis. Alors l'abbé expliqua :

— Ce que Manette ne vous dit pas, c'est qu'elle est mise à contribution autant que moi... C'est à elle qu'on a recours au moindre bobo... Toutes les femmes du pays, tous les gosses du village, voire le personnel du château qui fait de fréquentes et longues stations dans sa cuisine... d'où le « bouffer » qui vous a étonnée tout à l'heure...

Et comme la vieille dame souriait, le prêtre conclut :

— Car Manette parle argot à présent, au moins aussi bien que patois... Et moi même, je me surprends parfois, à mon grand déplaisir, en train de dire des mots que je devrais très certainement ignorer...

— Ah !... le fait est... — fit madame d'Arboise ahurie — qu'on ne vous voit pas parlant argot, monsieur le Curé... Ça ne va pas avec votre air !...

Elle avait pris son lorgnon, un lorgnon vieux jeu, et promenait sur le prêtre un regard très affectueux et un peu admiratif aussi.

L'abbé Sylvain, curé d'Arboise, était, en vérité, un être sympathique et étrange.

Très grand, svelte et droit comme un jonc, il demeurait à soixante ans aussi souple, aussi vigoureux que quand il en avait trente. Son long corps agile et musclé ne connaissait pas la fatigue. Mais ce qui surprenait surtout chez ce curé d'un tout petit pays lorrain, que ses paroissiens déclaraient « bon comme le pain et charitable à donner sa propre chemise », c'était son grand air et sa magnifique allure.

Il était là depuis quatre ans seulement.

A la mort de l'ancien curé, le village était
resté quelque temps sans titulaire. Puis, un
beau jour, on avait vu débarquer ce beau
grand prêtre, suivi des deux charrettes qui
amenaient un mobilier très simple dont il
avait suivi le débarquement avec indifférence, et des caisses de livres horriblement
lourdes, qu'il avait déchargées lui-même
avec une surprenante facilité, à la stupéfaction du bedeau, qu'effarait cette force magnifique.

— Mâtin !... — avait-il dit aux paysans
curieux — il en a des biceps !... Et des beaux
livres donc !... Je m'y connais... Ça vaut
beaucoup d'argent...

— L'a l'air d'un roi !... — disaient les
bonnes femmes éblouies — les portraits de
Monseigneur de Nancy sont pas si biaux que
lui...

Le lendemain, l'abbé Sylvain avait fait le
tour de sa petite paroisse et cherché une servante dans le pays. Son choix s'était fixé sur
Annette Touvenin, une bonne fille pas jolie,
solide, fraîche, et qui, par hasard, avait l'es-

prit de ne pas faire la dame et de conserver son bonnet lorrain.

Il s'était arrêté au bord d'une vigne où elle travaillait et lui avait demandé sans préambules :

— Vous ne sauriez pas faire un peu de cuisine ?...

Justement Annette avait été, à vingt ans, nourrice chez un notaire de Rambervillers et y était restée ensuite comme cuisinière.

Elle répondit :

— Si, tout d'même un peu !... Mais y a bien longtemps qu'j'en ai point fait... J'ai dû perdre la main...

— Vous la retrouverez !... — avait affirmé le prêtre — Quel âge avez-vous ?...

— J'suis d'jà eun' vielle, monsieur le Curé... j'ai trente-neuf ans...

— C'est un an de moins qu'il ne faudrait, mais ça ne nous empêchera pas de nous entendre... Voulez-vous me servir ?... Cinquante francs par mois... ça vous va-t-il ?...

— Si ça m'va !... j'vous croués qu'ça m'va !... — balbutia Annette ravie.

Jadis, chez son notaire, elle gagnait trente francs et c'était le meilleur temps de sa vie. Depuis qu'elle était revenue à Arboise, elle vivait avec un frère marié, travaillant à la vigne ou dans la maison, pas heureuse avec sa belle-sœur qui jalousait sa robuste santé et sa bonne humeur. Servir ce beau vieux prêtre qui avait l'air si bon, ça serait le paradis.

Mais, comme elle venait de raconter à l'abbé qu'elle avait été nourrice, puis cuisinière autrefois, elle ajouta, prise d'un scrupule :

— Toutefois... faut que j'dise à mossieu l'Curé que quand j'y ai parlé qu'j'ai été nourrice, j'y ai pas dit que... que...

— Que quoi?... — demanda l'abbé Sylvain.

— Ben, qu'j'étais nourrice, mais qu'j'étais pas mariée... Je n'voudrais point tromper mossieu l'Curé...

— Bon !... Bon !... — fit le prêtre — ne parlons pas de ça...

Plus tard, lorsque Annette, heureuse au

presbytère comme elle ne croyait pas qu'on
pût l'être en ce monde, demanda à l'abbé
Sylvain :

— Mais, mossieu l'Curé, quoi donc qui
vous a fait comme ça m'parler sus l'bord
d'la vigne à mon frère ?...

L'abbé lui répondit :

— Votre bonnet... Votre petit bonnet
froncé d'indienne à fleurs... Déjà, le dimanche, j'avais remarqué que vous étiez la
seule femme relativement jeune qui portait
le bonnet lorrain tuyauté... Alors je me suis
dit : Elle est plus intelligente que les autres,
puisqu'elle tient aux traditions de son pays
et qu'elle n'a pas honte de les suivre au dé-
triment de la mode... Et elle est religieuse
puisqu'elle vient aux offices... Avec ça elle a
l'air propre, solide et gai... C'est tout à fait
mon affaire !...

— Qué chance tout d'même que j'l'aie
aimé, mon bonnet !... — déclarait Annette
enchantée — C'est égal... j'l'aimais pas tant
que j'vous aime, mossieu l'Curé...

Du jour où elle était entrée au service de.

l'abbé Sylvain, Annette avait eu pour son
maître une adoration à la fois filiale, mys-
tique et sauvage. Il était devenu sa chose.
Elle le soignait, le grondait et, il faut bien le
dire, le secondait, avec une rare intelligence
des besoins de la petite paroisse. Elle lui faci-
litait la besogne et diminuait sa fatigue.

— Elle est idéale, votre servante, monsieur le Curé !... — dit la duchesse, quand
Annette fut sortie du petit salon.

— Idéale n'est pas le mot que j'aurais
pensé à lui appliquer !... — murmura l'abbé
en riant — mais c'est la meilleure femme
qui soit...

— Ma fille Mussy dit que c'est une perle...

— Oui... mais c'est une perle baroque !...

Pour la seconde fois, la duchesse regarda
le prêtre avec cette tranquille insistance des
myopes, puis elle demanda machinalement :

— Comment diable savez-vous ce que
c'est qu'une perle baroque, monsieur le
Curé ?...

L'abbé Sylvain rougit comme une jeune
fille et répondit en souriant :

— J'aime beaucoup les bibelots, madame
la Duchesse !... J'ai visité beaucoup de mu-
sées... beaucoup de collections particulières
même...

Ce n'était pas le premier étonnement que
causait à madame d'Arboise la connaissance
qu'avait de toutes choses l'abbé Sylvain,
mais jamais, jusqu'ici, elle ne s'était laissée
aller à formuler cet étonnement. Et, tout de
suite, elle regretta de l'avoir fait. Alors,
elle rompit les chiens en expliquant sa visite :

— Monsieur l'Abbé, si je suis venue vous
déranger à pareille heure, c'est qu'il s'agit
de Francette...

— Elle n'est pas malade ?...

— Elle l'est toujours, mais...

— Je crois que vous prenez pour maladie ce qui n'est que nervosité excessive... Le
docteur Bertol affirme... et il ne donne pas
son seul avis... que la petite est magni-
fiquement constituée, et que ces troubles
nerveux viennent uniquement des mauvaises conditions dans lesquelles elle est
née...

— C'est possible !... Nous ne demandons
qu'à le croire... Songez donc que cette enfant est la seule chose qui nous rattache à
l'existence... le seul intérêt qu'aura dans
l'avenir ma pauvre fille Mussy qui est si seule
dans la vie... Et puis, voyez-vous, monsieur
le Curé, si mon mari perdait Françoise, je
crois qu'il mourrait à l'instant... ou devien-
drait fou...

— Vous pouvez être tranquille... S'il
n'arrive pas un accident que nul de nous ne
peut prévoir, monsieur le Duc conservera sa
petite-fille...

— Dieu vous entende, monsieur le Curé !
Dans tous les cas, vous reconnaissez que
Francette est nerveuse... quinteuse... diffi-
cile à occuper...

— Non... pas à occuper... à amuser peut-
être... Mais elle sait, au contraire, étonnamment s'occuper toute seule pour un aussi
petit enfant...

— Si petit, mais elle a quatre ans !...

— Je le sais, c'est moi qui l'ai baptisée...

— C'est vrai !... Vous êtes arrivé à Ar-

boise juste pour voir mourir ma pauvre petite belle-fille... Enfin, voici ce qui m'amène
chez vous... Francette s'est prise d'une affection aussi violente qu'imprévue et intempestive, pour un petit garçon qui nage
comme un requin et qui fait des pleines eaux
dans la Moselle tous les jours pendant deux
heures...

— Voyez-vous ça, le polisson !... C'est
Pierrot !...

— Oui... C'est Pierrot !... du moins on
nous a dit qu'il s'appelait Pierrot et qu'il
habitait au presbytère... C'est vrai, n'est-ce P...

— Très vrai !...

— Ah ! quel bonheur !...

Et comme le prêtre la regarde étonné,
madame d'Arboise explique :

— Parce que je vais pouvoir le ramener,
ce petit... Depuis... voyons... depuis combien P... quinze jours peut-être... Francette
ne pense qu'à lui... Ça a commencé parce
que, dans une colère, elle a jeté à l'eau une
poupée japonaise que mon mari lui avait
rapportée de Paris pour ses quatre ans... Sa

poupée paraissait et disparaissait, entraînée
par ces horribles remous...

— Mais il n'y a pas de remous devant le
parc d'Arboise...

— Ce n'est pas devant le parc que
Francette a jeté sa poupée... Nous étions
allés nous promener en voiture sur la route
de Flavigny... Donc, elle a jeté Marie... la
japonaise s'appelle Marie... dans la rivière...
et ensuite, non, monsieur le Curé, vous
n'avez pas idée des hurlements qu'elle a
poussés...

— Si, si, j'ai idée...

— On voyait la poupée reparaître et dis-
paraître, roulée, bousculée... J'ai supplié le
cocher, qui nage très bien, d'aller la chercher... je lui ai promis cent francs... Il a
refusé avec énergie...

— J'vous crois !... Oh ! pardon, madame
la Duchesse... Vous voyez ce que je vous
disais !...

— Quoi donc ?...

— Que je parle comme il ne faudrait
pas... pas du tout, même !.., Je voulais dire

que je comprenais que ce brave Joseph ait
refusé de se mettre à l'eau dans cet endroit-
là... même pour mille francs... s'il tient à sa
peau...

— Eh bien, votre petit garçon n'a pas fait
tant d'histoires !... Il s'y est jeté pour rien,
lui !... et sans qu'on l'en prie...

— Oh !... — murmura l'abbé terrifié —
Oh !...

— Et tout habillé !... Et il a plongé... et il
est revenu... difficilement, il est revenu...
d'abord à cause du courant... et aussi parce
que son pantalon, qu'il avait relevé, était à
moitié redescendu et lui entravait les genoux...

— Le petit misérable ! — balbutia l'abbé
Sylvain qui verdit — C'est miracle qu'il ne
se soit pas noyé...

— Oui... il paraît !... Alors il a rapporté
la poupée à Françoise en disant :

— Voilà le guenon !... C'qu'elle est vilaine !... S'il est Dieu possible de s'mettre
dans des états pareils pour quelque chose
de si vilain que ça !... Mais Francette était

éperdue de reconnaissance... Elle lui a dit,
en le regardant avec admiration et en fou-
droyant Joseph de son mépris :

— A la bonne heure, t'es pas capon,
toi !...

Et puis, sans qu'on ait pu l'en empêcher,
elle s'est jetée sur lui et elle l'a embrassé
tout ruisselant... A tel point que nous avons
été obligés de la déshabiller pour qu'elle ne
se refroidisse pas, et de la rouler dans une
des couvertures des chevaux pour la ramener
à la maison... Quant au petit, il s'était sauvé
sans qu'on ait eu le temps de lui donner la
moindre chose... Et comme j'étais désolée
de ça, les domestiques qui l'avaient reconnu
ont dit : Oh ! mais, on le retrouvera bien !...
C'est le gosse qui se baigne tous les jours
sous le parc... Le lendemain, personne n'y
pensait plus, quand, à quatre heures, Francette, qui goûtait sur la terrasse, a découvert
au milieu de la rivière une espèce de petite
chose noire qui avait l'air de flotter, et d'aller
et venir... Alors elle a crié : « Le petit garçon !... le petit garçon !... » Et il a fallu...

absolument fallu, monsieur le Curé, sous
peine de convulsions, la conduire à la rivière... J'ai appelé le petit... qui est venu
très gentiment... en caleçon de bain...

— Dame !...

— Oui... évidemment... il ne pouvait pas
venir autrement... je sais bien... J'ai voulu
lui donner vingt francs, il n'a jamais voulu
les prendre...

— Ça ne m'étonne pas !...

— Et puis Francette a fait connaissance
tout de suite : « Comment tu t'appelles !...
— Pierrot... et toi ?... »

— Oh ! — fit l'abbé Sylvain, scandalisé
— il a dit toi ?...

— Oui... Elle a répondu : « Francette »...
Et, depuis ce temps-là, tous les jours il a
fallu recommencer la même cérémonie, assister au bain du petit et le faire goûter avec
Francette... Ça, il a bien voulu... il a fait des
difficultés, mais il a fini par vouloir, parce
que la petite lui fourrait du raisin ou des
gâteaux dans la bouche et qu'elle pleurait
quand il n'en voulait pas... Ah ! ça ne le

gêne pas pour se remettre à l'eau, de manger !...

— Voyez-vous ce cachottier de Pierrot?...
— fait l'abbé surpris, — il goûte depuis
huit jours...

— Quinze...

— Depuis quinze jours avec votre petite-
fille, et il ne m'en a rien dit... A quelle heure
goûte-t-il ?...

— Vers cinq heures...

— L'école est finie... je n'ai rien à dire!...
Aussi, ça m'eût étonné qu'il se fût mis dans
son tort...

— C'est un de vos parents, cet enfant,
monsieur le Curé ?...

— Non... non, pas du tout... C'est un
petit orphelin que j'ai recueilli...

— Un enfant du village ?... Comment ne
l'ai-je pas su ?...

— Pas du village... C'est dans un petit
hameau, tandis que je suppléais le curé de
Pont-Saint-Vincent, que je l'ai trouvé... Sa
mère est morte... C'était une pauvre fille
que je connaissais parce qu'elle tricotait à

ravir... et qu'Annette lui faisait faire des gi-
lets pour moi et des affaires quelconques
pour elle... J'avais vu son enfant qui venait
rapporter les objets terminés ou chercher de
la laine pour en faire d'autres... Je m'inté-
ressais vivement à ce petit... je le trouvais
intelligent, fin, gentil comme tout...

— Et quand la mère est morte vous vous
êtes chargé de lui !... Il n'y en a pas beaucoup comme vous, monsieur le Curé...

— Que si !... D'ailleurs, ma bonne action... si bonne action il y a... n'a pas été
aussi spontanée que vous pourriez le
croire... Quand j'ai été appelé auprès de
la Balbine, je me suis dépêché... j'ai
allongé mes jambes, qui sont pourtant
de taille, mais c'est loin, Pont-Saint-Vincent !... Toutes les bonnes femmes du village
me guettaient... Elles me criaient : Dépê-
chez-vous donc, monsieur le Curé !... A va
passer sans vous avoir vu !... et alle voulait
tant vous voir ?...

— Elle était morte ?...

— Non... mais elle était entrée en ago-

nie... je n'ai pu que lui donner l'extrême-
onction... Et comme je rassurais les braves
femmes qui continuaient à déplorer ma venue tardive en leur disant que c'était tout
comme si elle se fût confessée auparavant,
l'une d'elles m'a crié : « S'confesser !...
S'agit pas de s'confesser... L'en avait pas
pus besoin qu'vous de s'confesser, m'sieur
l'Curé, vu qu'c'était quasiment un' sainte...
et qu'son éfant était pour de sûr son seul
péché... mais alle avait qué'chose à vous
dire... à vous d'mander... « Pourvu qu'il
n'arrive pas trop tard ?... » qu'alle répétait.
« Mon Dieu ! mon Dieu ! pourvu qu' j'aie le
temps d'lui expliquer tout... » Et comme je
questionnais, demandant si l'on ne soupçon-
nait pas ce qu'elle pouvait avoir à m'expliquer, les femmes m'ont répondu... « Ça
d'vait être rapport à son Pierrot qui va
d'meurer tout seul dans l'monde, vu qu'alle
connaissait personne et qu'alle vivait que de
c'qu'alle gagnait avec ses tricots... »

— Alors, vous avez pris Pierrot ?...

— Pas encore à ce moment-là... C'était

une pauvre petite loque, aplatie à côté du lit
de sa mère... Il sanglotait sans rien voir ni
entendre... je n'ai même pas osé le toucher... Mais quand, le lendemain, je suis
revenu pour le service... quand j'ai vu marcher, fier et droit derrière le cercueil, cet
enfant tout pâle qui faisait bonne contenance
et qui avait une étonnante allure et une véritable beauté... Alors, je me suis décidé... Je
lui ai dit : « Veux-tu venir avec moi ?... Je
t'élèverai et je t'aimerai bien... » Il s'est jeté
à mon cou... et depuis ce jour-là nous
sommes une paire d'amis...

— Il est gentil !...

— Il est mieux que gentil... Il est impossible de trouver une plus jolie nature, une
intelligence plus large et plus souple, un
cœur plus excellent...

— Et Annette ?... Comment a-t-elle reçu
ce pensionnaire imprévu ?...

— Très bien !... Annette est une brave
fille... Elle aussi a eu un enfant comme la
Balbine... et elle a perdu cet enfant, mort
sans doute faute de soins, tandis qu'elle était

nourrice... Elle a reçu Pierrot à bras ou-
verts.... Et maintenant, elle l'adore.... D'ailleurs, je ne sais pas qui ne l'adorerait pas...

— Vous, monsieur le Curé, et aussi Annette, vous le connaissez et on s'explique que
vous l'adoriez pour toutes les qualités que
vous dites.... mais Francette ?...

— Pierrot est superbe, le petit mâtin !...
et les enfants sont, en général, attirés par la
beauté... La petite Françoise surtout, qui est
une enfant extraordinairement affinée...

— Affinée !... Francette ?... Ah ! monsieur le Curé !... mais elle est, au contraire,
étonnamment fruste et sauvage... et même
brutale... Avec ça, forte comme un petit
bœuf...

— Mais la force physique n'empêche pas
l'affinement moral... Soyez sûre que Pierrot
a fait la conquête de votre petite-fille pour
trois raisons : la première sa beauté, la seconde sa force, et la troisième.... que nous
pourrions peut-être changer de rang et placer en tête... sa courtoisie... Pierrot a risqué
sa vie... car il l'a bel et bien risquée, cons-

ciemment ou pas... pour satisfaire un caprice de la petite Françoise... et les femmes
ne sont jamais insensibles à ces folies-là...
même lorsqu'elles ont quatre ans...

— Ah !... le fait est qu'elle n'y a pas été
insensible, je vous en réponds !... Tous les
jours, tant qu'elle a vu le petit bonhomme,
qu'elle a goûté avec lui, et ri, et gazouillé...
elle, car lui il est plutôt silencieux...

— Oui, ça dépend... *

— Enfin, tant qu'elle n'a pas été contra-
riée dans sa fantaisie pour ce petit, nous nous
rendions bien compte qu'elle parlait de lui,
qu'elle commençait à s'agiter quand elle devait le revoir, qu'elle faisait des difficultés
pour le quitter... Mais nous ne soupçonnions
tout de même pas à quel point elle tenait à
lui... Ce n'est que depuis hier... Elle n'arrête
pas de pleurer... si ce n'est pour trépigner...
après quoi elle repleure...

— Mais pourquoi ?...

— Mais parce que, hier, pour la première
fois, le petit n'est pas venu se baigner...

— Ah !...

— Pourquoi n'est-il pas venu ?...

— Madame la Duchesse, de même que j'ignorais que Pierrot se baignait dans la Moselle, j'ignore pourquoi il n'est pas allé s'y baigner...

— Il n'est pas malade ?...

— Il se porte comme un charme !...

— Alors je peux l'emmener ?...

— Mais il n'est pas là !...

–– Ah ! mon Dieu !...

— Il ne rentrera qu'après l'école... où il est pour l'instant...

— L'école laïque ?...

— Dame !... il n'y en a pas d'autre à Arboise...

— Oh !.., vous devriez l'instruire vous-même, monsieur le Curé !...

— C'est ce que je fais... mais il faut qu'il passe son certificat d'études... Après, je le dirigerai à moi tout seul... et il entrera plus tard à telle école qu'il lui plaira de choisir...

La duchesse avait envie de demander à l'abbé Sylvain comment il était capable de faire recevoir un jeune homme « à telle école qu'il lui plairait de choisir ». Elle le regardait avec étonnement. Le prêtre, qui n'aperçut pas cet étonnement, reprit :

— Étant donné ce que je vois jusqu'ici de ses goûts et de son caractère, ce sera, je pense, Saint-Cyr, tout bonnement...

La duchesse regarda sa montre et déclara, résignée :

— Monsieur le Curé, je vais attendre Pierrot...

— L'attendre !... — murmura l'abbé effaré — l'attendre pendant deux heures !...

— Ne vous croyez pas obligé de me tenir compagnie, au moins !... Vous me contrarieriez beaucoup... Vous êtes surmené comme on ne l'est pas, je le sais, et nous sommes, j'espère, assez amis pour que vous ne vous gêniez pas avec moi plus que je ne me gênerais avec vous en pareil cas... Annette va me donner un fauteuil et un livre ou un journal quelconque... et je vais m'asseoir paisiblement dans votre jardin...

— Comment !... quand le château est si près, vous ne préférez pas...

— Je préférerais beaucoup... vu que j'ai, moi aussi, des tas de choses à faire... Mais je connais ma Francette. Elle m'attend au haut de l'avenue... je lui ai promis de ramener le petit garçon...

— Eh bien ?...

— Eh bien, tant que je ne reviens pas, elle m'attend... elle m'attend avec une confiance absolue, elle m'attendrait pendant cinq heures patiemment, tenacement... Mais si elle me voyait revenir seule, ce serait épouvantable !... Non seulement elle aurait une crise de rage ou de désespoir... mais encore c'en serait fait pour toujours de sa confiance en moi... Je perdrais tout mon prestige... Allons, monsieur le Curé... laissez-moi lire... ou sommeiller à mon gré...

— Soit !... je vais faire quelques courses indispensables, et puis j'irai attendre Pierrot à la sortie de l'école pour vous le ramener, car, puisqu'il a pris l'habitude de vagabonder, qui sait où le pousserait aujourd'hui sa fantaisie...

— Si vous passez du côté de la rivière, ma fille Mussy est là qui fait le guet...

L'abbé Sylvain souriait. Alors la duchesse demanda presque craintivement :

— Vous trouvez ça idiot, n'est-ce pas, monsieur le Curé ?... Que voulez-vous, nous sommes à Arboise trois êtres très secoués par la vie... car il faut bien le dire, elle nous a été plutôt dure... et qui ne vivons plus que pour Francette... Mon mari, Élisabeth et moi, nous pensons uniquement à la soigner, à l'amuser, à la regarder pousser... Elle est délicieuse, cette petite !...

— C'est vrai !... — affirma l'abbé Sylvain convaincu.

II

Quand, à quatre heures, l'abbé revint ra-
menant Pierrot qui détalait de toutes ses
petites jambes pour le suivre, la duchesse
n'était plus seule. Sa fille, la comtesse de
Mussy, était venue la rejoindre, dépêchée par
Francette qui n'en pouvait plus d'impatience.

— Ah !... enfin !... — s'écria-t-elle en
voyant arriver le Curé et le petit garçon.

L'abbé demanda, inquiet :

— Est-ce que nous sommes en retard ?...

— Pas du tout !... — affirma la duchesse
— mais Lise est encore plus bête que moi...
La petite la mène au doigt et à l'œil...

Madame de Mussy, autrement dit la

« Tante Lise », parce que la petite Françoise l'appelait ainsi, était une grande femme souple et fraîche, au visage aimable, aux yeux narquois. Elle protesta, en riant d'un beau rire large qui montrait d'admirables dents :

— Ne croyez pas Maman, monsieur le Curé... la preuve que je n'obéis pas tellement à Francette, c'est qu'elle voulait absolument venir chez vous et que je m'y suis opposée avec énergie...

— Et pourquoi donc ça ?...

— Mais, parce que, si ce qu'on nous avait dit n'eût pas été vrai, s'il n'y avait pas eu chez vous le petit garçon tant attendu, nous n'aurions pas eu d'agrément... ni vous non plus !

Myope comme sa mère, elle promenait son lorgnon sur Pierrot qui supportait l'examen avec une indifférence polie. A la fin, elle dit :

— Comme il est grand !... Quel âge a-t-il donc ?...

— Treize ans... — répondit Pierrot.

Sa voix grave et timbrée vibra sous les arbres et la comtesse s'écria, surprise :

— Oh !... cette voix d'homme !... Quel drôle de petit gas !...

Pierrot debout devant la duchesse, son chapeau à la main — un vieux chapeau de jonc copieusement troué — se tenait très droit, très à l'aise, dans une pose harmonieusement correcte. Ses vêtements élimés, brûlés par le soleil, coulaient avec une sorte d'élégance le long de son corps musclé.

La duchesse dit :

— C'est singulier !... je reconnais à peine ce petit !... Je l'ai pourtant vu souvent... Je sais bien qu'il était dans un costume plutôt sommaire...

— En effet !... — murmura Pierrot en découvrant dans un bon rire ses gencives d'un rouge éclatant et ses dents de loup — en caleçon d'bain que j'suis toujours...

— C'est bon... C'est bon !... — interrompit l'abbé Sylvain, tandis que l'enfant rougissait jusqu'aux cheveux — Va t'habiller...

Et comme le petit répétait interrogative-
ment :

— M'habiller ?...

Le prêtre acheva :

— Mets ton costume de première communion...

Pierrot fit entendre un sifflement admiratif :

— Phhuu !...

Puis il demanda délibérément :

— Où donc c'est qu'on va ?...

— Eh bien ?... — fit le prêtre étonné —
qu'est-ce que c'est que cette façon de ques-
tionner au lieu d'obéir ?... Fais ce que je te
dis !...

— Oui, monsieur le Curé !... — répondit
l'enfant qui fit docilement demi-tour.

Ce petit plaisait décidément à la Tante
Lise. Elle ne voulait pas le laisser dans l'incertitude. Mise au courant, tandis qu'elle
attendait tout à l'heure avec sa mère, des
aventures de Pierrot, elle devinait qu'il devait toujours y avoir une vague inquiétude
dans l'esprit du petit garçon. Alors elle dit :

— C'est pour venir voir ta petite amie qui t'attend...

— Francette !... — s'écria Pierrot dont les yeux étincelèrent de plaisir.

— Eh bien !... Eh bien !... Veux-tu dire mademoiselle Francette, mon garçon... — dit l'abbé à qui cette familiarité semblait intempestive.

Pour la seconde fois l'enfant rougit violemment, visiblement vexé d'avoir fait une gaffe.

— Laissez donc, monsieur le Curé !... — dit la duchesse en riant — Francette a quatre ans... et vous n'avez pas idée, je le vois, de la sympathie excessive qu'elle témoigne à votre petit protégé...

— Moi aussi, j'la gobe !... — affirma Pierrot, devenu soudain sérieux — j'la gobe rudement, allez !...

Il s'arrêta, étonné de voir que l'on riait. Évidemment, il ne trouvait là nulle raison de blaguer. Ses grands yeux clairs posèrent leur regard pur et profond sur les gens qui semblaient si peu le comprendre. Madame de

Mussy devina encore ce qui se passait dans
la petite tête intelligente de l'enfant :

— Dis-moi, mon petit Pierrot ?... — de-
mande-t-elle très douce — pourquoi, si tu
la gobes tant que ça, n'es-tu pas venu la
voir hier, Francette ?...

Le petit regarda, sans gêne aucune, cette
belle dame qui le questionnait si gentiment,
et répondit avec franchise :

— Pac'que... j'voulais pas m'habituer...

— T'habituer à quoi ?...

— A voir la p'tite fille... pour pas être
malheureux si on voulait plus que j'la voie
après...

— Mais pourquoi n'aurait-on plus voulu
que tu la voies ?...

Pierrot ouvrit les bras en signe d'igno-
rance et répondit :

— Ah !... ça !... j'sais pas !... Seulement
j'avais entendu madame... madame que
voilà... — ajouta-t-il en montrant la duchesse — dire, pendant que la petite fille
m'embrassait, à un vieux monsieur qui était
là... Va falloir qu'ça finisse, tout ça !...

Alors je m'suis dit qu'valait autant qu'ça commence tout d'suite à finir...

— Et ça ne t'a pas fait de peine ?... — demanda madame de Mussy.

Pierrot répondit, en refoulant les larmes qui noyaient ses grands yeux :

— Oh ! si, madame !... horriblement !...

Et pirouettant sur ses talons, il s'engouffra brusquement dans le presbytère.

— Il adore Francette, le pauvre gosse !... — fit la Tante Lise touchée de ce gros chagrin.

— Le fait est — dit l'abbé Sylvain — que c'est, depuis la mort de sa mère, la première fois que je le vois pleurer... C'est un enfant peu expansif quoique très franc... Il ressent de violentes émotions qu'il maîtrise et dissimule... Il a beaucoup de tenue, beaucoup de dignité !...

— Puisque Francette a su inspirer une telle affection... un tel culte à ce petit gas qui est un bon sujet, monsieur le Curé... — dit la duchesse qui ne perdait jamais de vue l'intérêt ou la satisfaction de sa petite-fille —

nous pourrions le prendre à Arboise et l'attacher au service de la petite... Il a treize ans... dans cinq ans ce sera un jeune homme... En attendant, il la distrairait... Il sait très bien jouer avec elle et l'amuser, très doucement, très délicatement même... Voulez-vous nous céder Pierrot, monsieur le Curé ?...

Le prêtre répondit nettement :

— Non, madame la Duchesse...

— Il serait bien soigné, je vous assure...

— Je suis convaincu qu'il serait, au château, beaucoup mieux que chez moi...

— Alors... pourquoi ne voulez-vous pas ?...

— Je pourrais vous répondre que c'est parce que je l'aime et ce serait déjà une bonne raison pour le garder... mais ce n'est pas la raison principale de mon refus... Pierrot a une très belle intelligence, je vous l'ai dit... Je veux qu'il devienne un homme utile...

— Pourquoi pas un grand homme ?...

— Eh ! mon Dieu, oui !... Pourquoi

pas ?... Vous plaisantez, mais il n'y aurait
rien d'étonnant à ce que mon petit Pierrot
fût un jour quelqu'un, quelqu'un de tout
premier ordre...

— Mais lui... il aimerait peut-être mieux...

— Me quitter ?... — murmura le prêtre
qui se troubla soudain — Vous avez raison,
madame la Duchesse, il vaut mieux qu'il
décide lui-même de son avenir...

Et comme Pierrot revenait, svelte et fin,
dans un costume noir mal coupé auquel il
imposait en quelque sorte sa ligne souple,
l'abbé Sylvain lui demanda :

— Mon petit Pierrot, tu vas répondre
avec franchise... avec une franchise absolue,
tu m'entends, à la question que je vais te
poser ?...

— Oui, monsieur le Curé...

Il se tenait debout, tout petit, devant
l'abbé Sylvain si long et si fort, et levait vers
le prêtre son nez régulier et ses yeux atten-
tifs.

— Madame la duchesse d'Arboise propose
de te prendre au château... Tu serais atta-

ché à la petite Françoise que tu aimes tant...
tu ne la quitterais presque pas... tu jouerais
avec elle tant qu'elle sera petite... plus tard
tu ferais tel service que l'on t'attribuerait
dans la maison... Ça te va-t-il ?... Ne te
presse pas de répondre... Réfléchis...

Il s'arrêta un peu inquiet. Pierrot répondit nettement :

— C'est tout réfléchi... Je serais très content d'jouer à présent avec mademoiselle
Françoise, très content aussi d'la servir
quand elle serait grande... mais je n'peux
pas, parce que j'veux être soldat...

— Mais naturellement !... — dit la duchesse — tu ferais ton service militaire...

— C'est pas ça !... du service, tout l'
monde en fait... qu'on veuille ou pas... Moi
j'veux être soldat tout à fait...

— Tu veux aller à Saint-Cyr ?... — demanda encore la duchesse qui se souvenait
des prédictions du prêtre au sujet de l'école
que choisirait son protégé.

— Je n'peux pas aller à Saint-Cyr... —
répondit Pierrot attristé soudain — Maman

m'a expliqué ça... Pour aller dans les écoles,
il faut avoir de l'argent à cause des études
qui coûtent très cher... mais dès qu'j'aurai
l'âge, j'm'engagerai... et comme je n'serai
pas non plus tout à fait ignorant, ça serait
bien l'diable si je n'finissais pas par devenir
officier...

— Et c'est ce que tu veux ?...

— Oui, madame...

— Tu es un chic petit bonhomme, va !...
— dit la Tante Lise.

Veuve depuis cinq ans d'un très charmant colonel de dragons, madame de Mussy
aimait l'armée et avait gardé de sa vie pas-
sée un excellent souvenir.

Jolie, pleine de bonne humeur, d'esprit
et de santé, ne demandant pas à la vie plus
qu'elle ne peut donner, elle avait su toujours
prendre les choses du bon côté et faire,
comme elle disait en riant, la part du feu.
Sans illusions, partant sans exigences,
elle n'avait pas, comme la plupart des
femmes, le besoin presque maladif d'occuper d'elle. Dès le début de son mariage, elle

avait trouvé très naturel que son mari s'inquiétât du régiment plus que d'elle, de même que, plus tard, elle avait admis sans aigreur qu'il fût plus aimable pour les autres femmes que pour la sienne.

La duchesse examinait Pierrot, surprise de le trouver, dans ses beaux habits, aussi souple, aussi libre que tout à l'heure. Il n'avait pas l'air endimanché des petits paysans. Il était distingué, presque élégant, et tout à fait à l'aise.

— Alors, nous t'emmenons, Pierrot ?... — dit-elle enfin — A quelle heure faut-il vous le renvoyer, monsieur le Curé ?...

— Quand vous voudrez, madame la Duchesse !...

— Il a peut-être des leçons à apprendre pour demain ?...

L'abbé Sylvain secoua la tête :

— Rien du tout !... Il sait déjà tout ce qu'on apprend à l'école...

Et il conclut, en caressant affectueusement les cheveux blonds et drus de l'enfant qui levait vers lui ses yeux tendres :

— C'est un savant, Pierrot !...

Madame d'Arboise, qui traversait le jardin, s'arrêta :

— Vous ne savez pas ce qu'il faut faire,
monsieur le Curé ?... il faut venir dîner avec
nous ?... Comme ça, Francette aura son
Pierrot plus longtemps...

— Mais... — murmura l'abbé Sylvain un
peu interloqué — je ne sais pas trop si...

Il se demandait s'il était bien prudent
d'accepter. Comment le petit se comporte-
rait-il à table ?

La Tante Lise avait eu, elle aussi, la
même idée. Et elle cherchait à lire sur la
figure du petit garçon si la perspective de
dîner au château lui agréait.

Pierrot ne semblait pas du tout impressionné par l'invitation de la duchesse. Il se
tenait très droit, sérieux, le menton légèrement levé, avec cet air un peu distant qui
avait tout de suite frappé la vieille dame. Et
quand madame de Mussy lui demanda :

— Ça te plaît-il, Pierrot, de dîner avec
ta petite amie ?...

Il répondit simplement et gentiment :

— Oui, madame !... Je vous remercie beaucoup...

Cette désinvolture ahurit l'abbé Sylvain. Et comme il revenait de reconduire ses visiteuses, il dit à Annette qui faisait bruyamment ce qu'elle appelle « mettre de l'ordre » :

— On croirait vraiment qu'il a passé sa vie à être invité à dîner chez des duchesses, cet animal-là !...

La servante répondit, et on devinait sous son air grondeur une secrète fierté :

— L'fait est qu'il est pas effarouché, l' petiot !...

III

Flanquée de son grand-père, de sa nourrice et de son chien, Françoise attendait en
piaffant dans l'avenue. Elle attendait avec
confiance. Grand'mère lui avait dit : « Ne te
désole pas comme ça, je te promets de ramener le petit garçon », et Grand'mère ne
promettait jamais sans tenir.

Mais, tout de même, son impatience était
grande et, vers trois heures, elle avait insi-
nué, l'air indifférent, mais l'œil glissant en
coulisse vers madame de Mussy :

— L'est rien arrivé à Grand'mère qu'elle
revient pas ?...

Pour tous les habitants d'Arboise, les

moindres désirs de Francette équivalaient à
des ordres, mais, pour la Tante Lise, ces
ordres étaient sacrés.

Elle aimait passionnément sa nièce. Elle
n'avait eu qu'un fils qui était mort à quelques mois, et elle adorait les enfants. Or
Francette, si gâtée qu'elle fût, était vraiment un petit être exquis. Jamais elle n'avait
usé du droit qu'on lui donnait d'être insupportable.

Vive, drôle, intelligente et bonne, la
dernière des Arboise avait plutôt les goûts
d'un garçon. Elle n'aimait que les chevaux,
les chiens, et en général tous les animaux,
pour lesquels elle était d'une attendrissante
bonté. Elle ne se plaisait qu'à des exercices
violents, à des jeux tumultueux. Le danger
l'attirait, bien qu'elle fût, et cela surprenait chez un si petit enfant, étonnamment
consciente. Elle avait avec Hérisson — un
microscopique shetland, mal coiffé d'un
feu d'artifice de crins extraordinaires, quin-
teux et râblé — des luttes fréquentes, au
cours desquelles elle montrait une solidité et

3

un sang-froid très grands. Jamais elle n'a-
vait cédé au poney, jamais non plus elle ne
s'était emportée contre lui. La Tante Lise,
qui marchait et courait parfois à côté du petit cheval de toute la vitesse de ses longues
jambes, était émerveillée de la force de volonté et de la maîtrise d'elle-même de la
petite, beaucoup plus que de la qualité de
« sa monte » qui, pensait-elle, devait être
tout naturellement ce qu'elle était.

— Nous naissons tous à cheval !... —
avait coutume de dire la comtesse, qui, pour
sa part, ne trouvait aucun mérite à bien
faire une chose qui lui semblait aussi
simple.

Quand Françoise avait eu trois ans, madame de Mussy lui avait donné Hérisson
malgré les protestations de la duchesse qui,
elle, n'était pas une Arboise, et qu'effa-
rouchaient un peu tous ces centaures chez
lesquels elle était tombée. Après son mariage, elle avait monté à cheval — parce
que son mari le désirait — avec élégance,
prudence et modération, et elle trouvait

que sa fille Elisabeth était beaucoup trop
« va de l'avant » pour lui confier Françoise. Mais le docteur Bertol était intervenu,
et aussi un médecin d'enfants consulté à
Paris. Ils avaient ordonné tous deux beaucoup d'exercice en plein air, et même d'exercice violent. La petite fille était trop nerveuse. Une vie animale et physiquement
très active lui conviendrait. Heureusement,
les deux médecins ne considéraient pas le
cheval comme une bête féroce qui ne
cherche qu'à faire du mal à tous ceux qui
l'approchent, et ils savaient, par expérience,
que ses réactions ne sont pas aussi terribles
que le prétendent quelques geignards. Ils
avaient recommandé seulement de faire
monter la petite en selle d'homme.
Madame de Mussy et le duc triomphaient.

Du don de Hérisson et des promenades à
cheval, datait surtout la grande affection de
la tante et de la nièce. La comtesse avait toujours tendrement aimé la fille de son frère,
née dans des conditions particulièrement
pénibles et tragiques.

Le marquis d'Arboise avait été tué par un train en traversant en voiture un passage à niveau, et sa jeune femme, traînée et abîmée, était morte huit jours plus tard en mettant Françoise au monde. La fille aînée des Arboise, Marie, veuve du vicomte de Mérincourt, n'avait pas d'enfants. Madame de Mussy avait perdu le sien. De la belle famille Lorraine des Arboise, il ne restait que cette toute petite Françoise, et cela seul eût suffi pour que la tante Elisabeth l'aimât. Mais elle n'avait vraiment connu sa nièce qu'au cours de ces interminables promenades, faites de longs silences et de gazouillements sans fin.

Madame de Mussy était, à quarante ans, gaie comme une jeune fille, ou plutôt comme un jeune garçon, car elle aussi avait les goûts qu'elle se plaisait à développer chez l'enfant.

— Tante Lise !... — lui avait dit un jour Francette après une de ces causeries qui les révélaient l'une à l'autre absolument — Tante Lise, nous aimons tout

ce que les hommes aiment... excepté la
chasse...

— C'est vrai !... — avait répondu la comtesse en riant — nous sommes deux gar-
çons manqués !...

Mais la petite qui, elle, ne donnait pas à
cette observation le même sens que sa tante,
avait protesté :

— Manqués !... mais pas du tout !...
pourquoi manqués ?...

Au physique, Françoise était une jolie
petite fille, bien campée sur des jambes
longues et nerveuses. Elle avait une toute
petite tête parfaitement ronde ; des cheveux
marrons à l'ombre et cuivrés au soleil ; des
yeux de velours noisette, des dents toujours
visibles parce que toujours elle souriait, et
une peau vraiment éblouissante, satinée,
laiteuse et toujours fraîche. Son nez un peu
retroussé, et sa bouche trop grande, étaient
tout à fait incorrects. Mais ses oreilles et
ses pieds étaient des bijoux de forme et de
finesse, et ses mains étaient adroites et
belles.

En apercevant sa grand'mère et sa tante
qui arrivaient avec Pierrot, la petite fille
lâcha brusquement la main du duc, et se
mit à dévaler dans l'avenue au milieu
des pierres roulantes qui se faufilent, en
Lorraine, dans les chemins les mieux
tenus.

Son chien, un gros chien, sorte de tas
tout blanc, produit hétéroclite d'un dog
anglais blanc et d'une chienne de police
noire, la suivait pas à pas. Du plus loin
qu'elle crut pouvoir se faire entendre, elle
cria :

— Te v'là, mon ami Pierrot !...

Puis, comme Pierrot s'avançait en courant, lui aussi, elle se jeta à son cou et s'y
suspendit, en demandant d'une voix grosse
de reproches :

— Pourquoi t'es pas venu hier, dis ?...

Pierrot hésita un instant, puis jugeant
sans doute inutile de recommencer les expli-
cations de tout à l'heure, il répondit simplement :

— J'ai pas pu !...

Francette le secoua :

— Vrai, ça ?... Enfin, te v'là !... J' suis tout d'même contente puisque te v'là !... Tu t'en vas pas tout d'suite, pas ?...

— Mais non !... — madame la Duchesse m'a invité à dîner avec vous...

— Avec qui vous ?...

— Ben, vous... Franç...

Il allait dire « Françoise », mais il se souvint de la leçon de tout à l'heure et reprit, en rougissant un peu :

— Mademoiselle Françoise...

— Pas Françoise... on dit Francette...

— Mademoiselle Francette... — répéta docilement Pierrot.

— Pas mad'moiselle !... On dit pas mad'-moiselle... Alors, tu dînes ?...

Puis, après un instant de réflexion, elle ajouta en faisant une drôle de petite moue :

— L'est pas gros, l'dîner !... une soupe au lait, pis rien !...

— C'est tout c'qu'y faut !... — affirma Pierrot convaincu.

— Mon pauv' bonhomme !... — fit en riant la duchesse — on ne te mettra pas au même régime que Francette...

— Comment... — s'écria la petite fille indignée — c'est pas à ma table qu'y sera ?...

— Mais si... mais si !... — dit la Tante Lise — ne t'inquiète donc pas, il dînera avec toi...

— Oh !... — murmura Françoise à moitié convaincue, en regardant d'un air soupçonneux Pierrot qui restait son chapeau à la main, correct et silencieux — j'veux qu'y m'dise qu'oui... Dis-le qu'c'est avec moi qu'tu dîneras ?...

— C'est avec vous que je dînerai...

— Avec toi !... pas vous... j'veux pas qu'tu dises vous...

— Mais... — balbutia le petit — c'est que...

— C'est quand on est fâché qu'on dit vous... Allons, répète...

Et comme l'enfant hésitait, attendant, de la duchesse ou de madame de Mussy, un en-

couragement quelconque, elle cria, frémissante et les larmes aux yeux :

— Alors, t'es fâché ?... t'es plus mon ami
Pierrot ?...

Très troublé par ce chagrin, le petit garçon s'inclina vers Francette et, sans répondre, l'embrassa. Alors, elle lui jeta ses
bras autour du cou et, rassurée et souriante,
elle demanda :

— Porte-moi !... Tu veux, dis ?...

— En voilà une idée !... — dit le duc
d'Arboise qui avait rejoint sa petite-fille —
tu es beaucoup trop lourde pour te faire
porter comme ça !...

Mais déjà Pierrot avait « chargé » Francette. Il la tenait couchée sur ses bras éten-
dus, comme les baigneurs portent les
femmes et les enfants pour les plonger dans
l'eau, et il montait allègrement l'avenue,
d'un pas élastique et assuré.

— Mâtin !... — fit le duc étonné — il est
solide, le petit gas !...

Et, le regardant, il ajouta :

— Solide et magnifique !... Sapristi !...

où cet enfant-là a-t-il été pêcher un physique pareil ?...

— C'est vrai !... — conclut la Tante Lise
en riant — il a des airs de jeune dieu... C'est
très cocasse !...

Le duc demanda :

— Il était bien chez le curé comme on
vous l'avait dit ?...

— Parfaitement... — répondit madame
d'Arboise, qui raconta en quelques mots la
courte histoire de Pierrot.

— Pauvre petit !... — dit le duc ému —
il est charmant et sympathique... Mais
il va s'éreinter à porter par une pareille
chaleur ce gros petit paquet de Francette... Elle est lourde comme tout, cette
enfant !...

Il cria :

— Eh !... Petit !... Assez !... Tu l'as assez portée !... Pose-la à terre !...

— J'te défends de m'poser... — fit la
petite en se pelotonnant, les jambes ren-
trées sous elle et molle comme une balle de
coton.

— Tu m'entends !... — ordonna M. d'Arboise agacé — mets-la à terre !...

Pierrot, indécis, se retourna avec toujours Francette sur les bras.

— C'est qu'elle veut pas... — balbutia-t-il, gêné de voir qu'il lui fallait mécontenter quelqu'un.

— Mais c'est de la folie... — cria le duc, — ça donne chaud rien qu'à le voir !... L'autre jour... — continua-t-il en se tournant vers sa femme et sa fille — Francette a imaginé de se faire porter par moi, précisément aussi pour monter l'avenue, et je n'en pouvais plus en arrivant...

— Monsieur l'Duc... — affirma Pierrot, la mine sérieuse, l'air reposé et le ton respectueux — c'est bien sûr, puisque vous l'dites, que l'autre soir vous en aviez vot' claque, mais j'vous assure qu'aujourd'hui, je suis pas plus fatigué que rien du tout...

— Il est délicieux !... — s'écria la Tante Lise en éclatant de rire — tandis que Pierrot, surpris de cette explosion de gaîté, rougissait jusqu'aux yeux.

Pendant ce temps Francette commandait d'un ton qui n'admettait pas de réplique :

— File vite à la maison...

Et Pierrot prenait le pas gymnastique, tandis que le gros chien blanc détalait derrière eux.

— Il est superbe, ce gosse !... — déclara le duc — mais pas obéissant !...

Madame de Mussy dit :

— Il obéit à Francette... Qu'est-ce que vous voulez de mieux, Papa ?...

— Il est vrai... — appuya la duchesse — qu'on ne l'a fait venir que pour ça...

Le duc d'Arboise répondit, résigné :

— Au fait !... vous avez raison...

Puis, montrant le chien, il s'étonna :

— C'est extraordinaire !... La Terreur Blanche n'a pas grogné quand ce petit a enlevé de terre Francette... Jamais un autre n'aurait pu la toucher sans se faire dévorer,..

— Oui, dit la Tante Lise... — ça m'a frappée aussi !...

Le chien singulier de la petite d'Arboise,

cette bête monstrueuse sans laquelle elle ne faisait jamais un pas, s'appelait *La Terreur* tout court lorsqu'un châtelain voisin en avait fait cadeau au duc. D'une force et d'une intelligence extraordinaires, féroce pour les étrangers, câlin et tendre avec ses maîtres, La Terreur avait voué tout de suite à Francette une adoration sans bornes. Il demeurait des heures entières assis en face de l'enfant, la regardant avec une tendresse éperdue, et n'osait pas faire un mouvement si la petite fille, en jouant, finissait par s'endormir couchée sur lui. Francette, d'ailleurs, éprouvait pour son chien une affection non moins considérable. Elle lui débitait pendant toute une journée d'étranges douceurs, ou de longues histoires qu'elle inventait pour l'intéresser. Un jour la Tante Lise l'avait surprise assise en face du chien également assis. Elle l'embrassait sur sa truffe humide et fraîche, en répétant d'une voix infiniment tendre :

— Tu es ma Terreur Blanche... ma belle Terreur Blanche !...

Et madame de Mussy avait insisté pour
que l'on modifiât le nom du chien. Mais cela
déplaisait au duc.

— Je ne veux pas que l'on rappelle ce
vilain souvenir... — disait-il — je suis roya-
liste après tout...

— Vous l'étiez... — ripostait la Tante
Lise qui ne lâchait pas son idée — vous ne
pouvez plus l'être puisque le comte de
Chambord est mort... Voyons Papa ?...
vous ne voudriez tout de même pas devenir
orléaniste ?... Pensez donc au parapluie, et
à la Charte, et à Égalité, et à tout l'tremble-
ment !...

Le duc avait haussé les épaules et La Terreur Blanche avait gardé le nom que sa petite maîtresse lui avait donné.

Lorsque enfin Pierrot arriva au perron,
la petite fille lui dit :

— Pose-moi !...

Elle le regardait, d'un air joyeux, sans
vouloir lâcher sa main qu'elle avait prise.
Et, au bout d'un instant, elle demanda :

— Tu viendras tous les jours, dis ?...

— Moi j'veux bien... si monsieur l'Curé
l'permet...

— A quoi va-t-on jouer ?...

— A c' que tu voudras...

Elle demanda encore, l'air anxieux :

— Ça t'embête pas ?... tu trouves pas
que j'suis trop petite pour toi ?...

— Mais non...

— Tu n' sais pas ?...

— Quoi ?...

— Tu m'apprendras à nager !... Tu voudras, dis ?...

— Certainement, j'voudrai...

— Et moi, qu'est-c' que j'pourrai bien
t'apprendre ?... Tu sais monter à ch'val ?...

— Non...

— Alors j't'apprendrai...

Et comme le duc arrivait avec sa femme
et sa fille, Francette lui dit nettement :

— Grand-père... faut qu' vous donniez
un poney à Pierrot... Pas, Pierrot ?...

— C'est pas moi qui ai parlé d'ça, monsieur l' Duc !... — protesta le petit qui avait
brusquement rougi — j'aurais pas une idée

pareille, pour sûr !... Faudrait pas qu' vous
l'croyiez, toujours...

— Je ne crois rien du tout, mon garçon !... — fit le vieillard en riant.

Mais déjà Françoise, prise d'une nouvelle
fantaisie, tirait éperdument sur le tablier de
sa nourrice.

— Viens m'habiller, Jeannette !...

— T'habiller !... — murmura la pay-
sanne étonnée — et pourquoi donc que
j't'habillerais, Seigneur ?...

— Pac' que Pierrot dîne !... — répliqua
nettement la petite.

— T'es pas folle !...

— J'veux m'habiller... — répéta Francette têtue — on s'habille toujours quand on
a du monde à dîner...

Et comme la Lorraine s'installait sur un
banc, et tirait une broderie de sa poche en
disant paisiblement :

— Dites pas d' bêtises et amusez-vous
vous deux bien gentiment... — elle affirma
avec énergie :

— J' veux qu'tu m'habilles...

— On ne dit pas : Je veux...

— Pa'ce que ?...

— Pac' que c'est défendu...

— Défendu !... Oh ! la la !... par qui donc qu' c'est défendu ?...

— Vous l' savez bien... par vot' grand-père... et vot' grand'mère... et vot' tante...

D'un geste délibéré, Francette indiqua que ces défenses lui semblaient négligeables.

Alors la Lorraine ajouta :

— Et par le bon Dieu !...

— Ah !... — fit la petite avec un certain respect.

Puis, réfléchissant, elle conclut avec sérénité :

— C'est bien possible que l' bon Dieu m' défende d' dire : « Je veux »... Seul'ment, tu peux pas l'savoir s'y me l' défend... y t'l'a pas dit, pas ?...

Et remorquant Pierrot qui résistait faiblement, elle s'engouffra dans le château en criant :

— Ça m'est bien égal que tu veuilles pas

m'habiller... Mon ami Pierrot m'habil-
lera !...

— S'il est Dieu possible d'voir une pareille désobéissante !... — murmura la
Lorraine qui s'élança sur les pas de son
nourrisson.

— Elle va devenir insupportable avec ce
petit, je le crains !... — hasarda le duc avec
douceur.

— Insupportable !... Comme vous êtes
injuste !... — fit madame d'Arboise mécon-
tente — il est tout naturel qu'elle veuille
s'habiller, cette enfant !...

— Non... — dit la Tante Lise — ça n'est
pas naturel du tout, attendu qu'elle pousse
habituellement des cris de putois chaque
fois qu'on veut lui laver les mains et lui
mettre une robe propre... C'est son ami
Pierrot qui lui inspire cette anormale fantaisie... Elle tient à lui plaire...

Et après un petit silence, madame de
Mussy acheva :

— Et je comprends ça !... Il est positive-
ment épatant, ce gosse !...

Elle s'était assise sous les marronniers du quinconce avec son père et sa mère. Madame d'Arboise demanda au duc :

— Est-ce qu'il est venu quelqu'un ?... Il m'a semblé entendre sonner la cloche de la grille pendant que j'étais dans le jardin du curé...

— Tiens !... c'est vrai !... j'oubliais de vous le dire... les Boigny...

— Comment... ils sont à Aiguevive ?...

— Non... à Nancy...

— Ah !... ça m'étonnait qu'ils fussent à demeure chez leur oncle...

La Tante Lise observa en riant :

— Ils seront venus voir si l'héritage mûrit...

Le duc interrompit, sérieux, la physionomie inquiète :

— Oh !... je vois bien à quoi tu penses !... Mais ça ne me fait pas rire !... Toi, tu te figures avec joie la tête des Boigny quand ils se verront frustrés de l'héritage sur lequel ils comptent depuis la mort de ce pauvre Georges... Moi, je vois surtout un danger

pour Francette à recueillir cet héritage que
nos vieux amis ont certainement l'intention
de lui laisser...

La duchesse regarda son mari avec étonnement et dit :

— Un danger ?... je ne vous comprends
pas ?...

— Je crois Boigny capable de tout...
de tout, vous m'entendez bien.... Je le regar-
dais tantôt... il a vraiment une abominable
figure...

— Plutôt... — affirma la Tante Lise.

— On doit savoir dans le pays... — reprit
le vieillard préoccupé — que les Aiguevive
ont l'intention de laisser leur fortune à la
petite... Ils ont parlé cent fois de ce projet
depuis la mort de leur fils... Or, ma conviction est que, tantôt, les Boigny qui sont
de passage à Nancy et qui ont, en Lorraine,
des tas de gens à visiter plutôt que nous
qu'ils connaissent très peu, en somme... ne
sont venus ici que pour voir si Francette...
que la légende représente comme délicate...
ferait, oui ou non, de vieux os...

— Oh !... — fit la duchesse indignée.

— Il n'y a pas de oh !... Ils ont demandé tout de suite à la voir... Et ils ont paru consternés en apercevant l'être tapageur, et grouillant, et ruisselant de santé qu'est Francette... Boigny n'a d'ailleurs pas dissimulé son étonnement... Il m'a dit : « Votre petite fille est superbe !... On nous avait dit que c'était un oiseau pour le chat... »

— Oh !... — murmura encore la duchesse qui s'affolait à la seule pensée d'une maladie possible de sa petite-fille — un oiseau pour le chat !... Mais elle n'a jamais eu le moindre accroc... jamais...

— C'est ce que j'ai dit... Alors ils m'ont répondu... c'est-à-dire Boigny m'a répondu... parce que, elle, c'est une plaque qui ne parle pas... « On nous avait affirmé que la petite Françoise avait une maladie nerveuse. »...

— Les vilaines gens !... — balbutia la grand'mère les larmes aux yeux — les vilaines gens !...

— Voyons, Maman... — supplia madame

de Mussy — vous n'allez pas vous biler pour
des rosseries de ce genre... Francette est
solide, grâce à Dieu !... et un peu aussi à
vous qui l'avez élevée au grand air, sans
soins ridicules et sans bonbons...

— Ton père a raison, vois-tu !... Il faut
que nos vieux amis abandonnent cette
pensée qu'ils ont eue... qu'ils ont toujours, je le sais, de léguer leur fortune à
Francette...

— Le fait est qu'elle est assez riche comme
ça... — affirma la Tante Lise — elle a sa
fortune personnelle, elle aura la vôtre qui
est considérable, la mienne, et celle de Marie... Qu'est-ce qu'elle pourra bien faire de
tout cet argent-là, Seigneur ?...

Madame de Mussy ne voulait pas parler
sincèrement pour ne pas achever d'affoler
sa mère. Mais elle avait eu déjà la même
crainte que le duc.

Comme lui, elle jugeait que l'héritage des
Aiguevive était un danger pour Francette.
Comme lui, elle croyait M. de Boigny « ca-
pable de tout ».

Les trois Arboise, François, le père de
Francette, la Tante Lise et sa sœur Marie,
avaient grandi dans ce pays lorrain à côté
d'Adrien de Boigny et de Georges d'Aiguevive. Les deux cousins étaient leurs ca-
marades d'enfance. Madame de Mussy les
connaissait aussi bien qu'elle connaissait son
frère et sa sœur. Georges d'Aiguevive, un
beau grand gas, superbe et intelligent, im-
pulsif et généreux, avait, à vingt-huit ans,
fait un fâcheux coup de tête. Lieutenant de
chasseurs, il avait aimé, dans un trou de
Bretagne où il était en garnison, une jeune
fille de bonne famille, pauvre et jolie,
qu'il avait voulu épouser, se trouvant,
avec raison, assez riche pour faire un
mariage d'amour. Mais les Aiguevive,
qui ne connaissaient pas mademoiselle de
Landevenec, et qui trouvaient leur fils
trop jeune pour se marier dans des conditions qu'ils jugeaient mauvaises, avaient
refusé leur consentement. Les Landevenec, par fierté de se voir dédaignés, refusèrent également le leur. Alors Georges

enleva la jeune fille et ce fut un scandale
immense. Puis il démissionna et, après des
sommations et des formalités qui traînèrent
en longueur prolongeant ce scandale, il
épousa Yvonne. Le marquis et la marquise
d'Aiguevive ne lui donnèrent pas un sou et
refusèrent de le voir lorsqu'il les supplia,
au moment de s'expatrier, de lui permettre
de leur dire adieu.

Un ami, le colonel de Mussy, le mari de
la Tante Lise, prêta la somme nécessaire au
jeune ménage pour aller en Indo-Chine, où
Georges espérait trouver un emploi. Pendant des années on n'entendit plus parler
des exilés.

Le marquis d'Aiguevive et sa femme re-
grettaient leur sévérité. Ils vieillissaient.
Un âpre désir de revoir leur seul enfant les
tenaillait, désir que madame de Mussy, qui
habitait Arboise depuis la mort de son
mari, avivait de tout son pouvoir. D'autre
part, les Aiguevive avaient appris que les
Landevenec étaient des gens parfaits, dont
la noblesse d'âme et la dignité de vie fai-

saient l'admiration de tous. Ils se reprochaient amèrement d'avoir dédaigné leur
alliance pour une misérable question d'argent. Mais, lorsqu'ils se décidèrent à faire
amende honorable, il était trop tard. Toutes
les démarches tentées pour retrouver les
absents furent inutiles. Le marquis d'Aiguevive remua ciel et terre sans découvrir
la moindre trace de son fils. Et, un an plus
tard, quelques lignes dans un journal leur
apprirent la mort de l'enfant chassé : « On
annonce la mort, à Delhi, de monsieur et
de madame Georges d'Aiguevive, emportés
en quelques heures par la fièvre jaune. Ils
étaient arrivés de la veille et semblaient
dans une gêne voisine du dénuement. Leurs
papiers, très en règle, ont permis de constater leur identité. On se souvient sans
doute du comte Georges d'Aiguevive, ce
brillant officier qui rompit avec toute sa
famille il y a quelques années, pour épouser
une jeune Bretonne d'une grande beauté,
mademoiselle Yvonne de Landevenec. »

Depuis ce jour le marquis et la marquise

4

d'Aiguevive vivaient dans une sorte de pros-
tration désespérée, ne s'intéressant plus à
rien, ne voulant plus voir que les amis avec
lesquels ils pouvaient parler de leur fils.
Cette mort affreuse, loin de tout, dans la
misère, les hantait.

Un gros souci pourtant les rattachait encore vaguement à la vie. Ils voulaient, coûte
que coûte, prendre des mesures pour que
leur énorme fortune n'appartînt pas à leur
héritier naturel, leur neveu Adrien de Boigny.

Cet Adrien, que la Tante Lise jugeait
sans bienveillance, apparaissait au vieux
marquis et à sa femme comme un véritable
gredin. Très jeune, il avait épousé une de-
moiselle Goldmann, fille d'un financier dont
la faillite frauduleuse était demeurée célèbre
à Francfort. En peu de temps, il avait
mangé la fortune de sa femme — une inof-
fensive et veule créature — qu'il traitait in-
dignement et à laquelle il extorquait facilement sa signature, soit avec des baisers, soit
avec des coups. On le savait réduit aux pires

expédients. Madame de Mussy, qui pourtant n'était ni romanesque ni imaginative, était convaincue, sans avoir jamais fait part à personne d'ailleurs de sa conviction, qu'il avait supprimé Hector Goldmann, son beaufrère, un bon gros garçon auquel il devait une très considérable somme d'argent. Et elle se disait que si, selon qu'ils en avaient maintes fois annoncé l'intention, les Aiguevive déshéritaient cet individu au profit de Françoise, la petite pourrait bien, elle aussi, mourir sans que l'on sût comment.

— Ah !... — fit tout à coup le duc — voici monsieur le Curé !...

Il s'était levé pour aller au-devant de l'abbé Sylvain qu'on apercevait au loin dans l'avenue.

La Tante Lise prit son lorgnon pour regarder son père et le prêtre qui revenaient en causant, montant très vite la côte si dure de l'avenue. Et elle déclara avec conviction :

— C'est vraiment deux beaux vieux !...

— Quelle drôle de façon de parler !... —

fit la duchesse qui ne trouvait pas cette for-
mule suffisamment respectueuse — Et Francette parle déjà comme ça, elle aussi !...

— Je disais à monsieur le Curé — commença le duc — que son petit protégé fait
mon admiration... Je le trouve extraòrdi-
naire, ce gamin-là !.. Il a grand air... On ne
le prendrait jamais pour un petit paysan...

Il s'arrêta, regardant le prêtre, vigoureux
et élégant dans sa soutane des grands jours,
et acheva, surpris de sa belle allure :

— Pas plus, d'ailleurs, qu'on ne vous
prendrait pour un curé de village, vous non
plus !...

Les enfants arrivaient en courant, se tenant par la main. Francette, pomponnée
comme pour un bal d'enfants, dans une
robe de mousseline à entre-deux de valen-
ciennes. Sur ses petites épaules rondes et
nues, s'ébouriffaient des nœuds de taffetas
blanc. Une toute petite mouche de pierre-
ries, montée sur une barrette invisible, re-
tenait, à gauche du front têtu, une mèche
bouclée qui retombait drôlement sur l'œil.

— Oh !... — fit la duchesse stupéfaite —
en voilà une toilette !...

Francette, qui fonçait comme une boule
blanche sur le groupe, s'arrêta tout à coup
près d'une plate-bande dans laquelle elle
entra, se penchant attentive. Puis, après
avoir touché délicatement plusieurs roses,
elle en choisit une qu'elle cueillit avec pré-
caution. Et revenant vers Pierrot, qui attendait dans l'allée, elle passa la fleur dans sa
boutonnière d'un air appliqué, un petit bout
de langue rose sortant entre ses lèvres en-
tr'ouvertes. Puis, elle reprit sa course d'un
air triomphant et vint, d'elle-même, gentiment, dire bonjour au curé d'Arboise.

— Madame la duchesse va m'gronder...
cause de la « rôpe » ?... — dit Jeannette,
qui arrivait essoufflée derrière les enfants.

— Le fait est, Nounou, que ça n'est vraiment pas raisonnable !...

— J'sais bien !... mais a fallu, madame la
Duchesse !... Alle a pas eu d'cesse que j'l'aie
habillée comme ça !... J'veux ma plus belle,
qu'alle criait... Alors j'y ai apporté l'une

après l'autre toutes ses « rôpes » en l'y
disant chaque fois qu'c'était la plus belle...
Ah ! ouat !... alle la connaissait bien, la plus
belle !... pas d'danger qu'a s'trompe !...

— En effet !... — dit la Tante Lise en
riant — c'est incontestablement la plus
belle !...

— Sans compter core qu'alle a fait
choisir l'gôsse pour être pus sûre... Choi-
sis, toi, qu'alle y a dit... Et moi j'y faisais
des yeux pour qu'y prenne un' des aut's...
Ah ! ouat !... l'a mis l'doigt d'ssus du
coup !... Ah y s'entendent !... y a pas !...
C'est deux têtes dans l'même bonnet !... Ç'a
pas été commode !...

Francette s'était installée sur les genoux
de l'abbé Sylvain, qu'elle couvrait d'une
écume de mousseline blanche et de dentelles, et demandait, câline, de sa plus douce
voix :

— Vous voudrez bien, dites, qu'Pierrot
vienne me voir ?...

— Mais oui...

— Tous les jours ?...

— Ça dépendra...

— De quoi ?...

— Mais de... de bien des choses...

— Quelles ?...

— Quoi ?...

— Je dis : quelles choses ?...

— Mais... il faut qu'il travaille...

— Alors, vous voulez pas qu'y m'apprenne à nager ?...

— Mais si...

— A nager ?... — fit la grand'mère stupéfaite. — tu veux apprendre à nager ?... toi ?...

Et comme la petite secouait affirmativement ses boucles qui s'agitaient comme des serpents, la duchesse reprit :

— Toi qui as si peur de l'eau ?...

— Pas avec Pierrot... avec lui j'aurai pas peur de l'eau...

Elle demeura un instant sérieuse, les sourcils relevés dans l'effort qu'elle faisait pour préciser sa pensée, puis elle acheva :

— Ni de rien...

Et, dégringolant rapidement des genoux

du curé, elle saisit Pierrot par la main et l'entraîna sous les arbres en disant, caressante et péremptoire :

— Viens s'amuser nous deux !...

— Je suis bien content si son amitié désordonnée pour Pierrot décide la petite à prendre des bains froids... — dit le duc — le docteur les lui ordonne, et jusqu'ici il n'y a pas eu moyen de la baigner... l'eau est la seule chose qui lui fasse peur....

— Ça passera... — affirma l'abbé Sylvain — Françoise est une enfant exceptionnellement brave...

— Lise était comme elle — dit la duchesse — et même mieux qu'elle, car elle n'a jamais eu peur ni de l'eau, ni de rien... N'est-ce pas, Lise ?...

— Quoi, Maman ?... — demanda madame de Mussy — je n'ai pas entendu...

— Tu étais occupée de Pierrot, toi aussi? dit la duchesse en riant.

— C'est vrai !... Je le trouve épatant, votre pupille, monsieur le Curé ?... Et... vous ne savez pas ce que je pensais ?...

— Qu'est-ce que vous pensiez, madame ?...

— Eh bien, que son père devait être un
homme charmant... Sa mère était-elle
jolie ?...

— Elle avait dû l'être... Quand je l'ai
connue, elle avait trente ans au moins... et
beaucoup de misère... Elle se privait de tout
pour que Pierrot fût bien tenu, qu'il eût
des livres... et qu'j¹ fût relativement bien
nourri... Alors, dame ! à ce régime-là le
physique s'abîme vite !... Dans tous les cas,
Balbine était commune... C'était une belle
fille de la campagne, qui avait été vraisem-
blablement fraîche et appétissante... mais
elle avait la tête carrée, les pommettes os-
seuses et le nez trop long qui caractérisent
le type lorrain... Elle était de Laxou, près de
Nancy... Le petit ne lui ressemble en aucune
façon...

— Elle ne vous a jamais parlé du père ?...

— Jamais !... Elle ne m'a d'ailleurs jamais
parlé de rien... Elle apportait son ouvrage au
presbytère... où le plus souvent même elle

l'envoyait par Pierrot... et nos relations se bornaient à ça... Elle n'était pas de ma paroisse...

— Quand elle tenait si fort à vous parler avant de mourir... je suis sûre que c'était pour vous révéler des choses extraordinaires sur l'origine de Pierrot, monsieur le Curé... — dit encore madame de Mussy qui suivait son idée — vous ne croyez pas ?...

— Je crois, madame, qu'elle voulait tout bonnement me recommander de prendre soin du petit...

— Quel âge avait-il quand sa mère est venue habiter Pont-Saint-Vincent ?...

— Je ne me le rappelle pas... Je vais lui demander s'il le sait... car je crois qu'il était bien petit... Pierrot !... Eh ! Pierrot !...

L'enfant accourut, remorquant Francette qui ne le lâchait pas un seul instant, et s'arrêta, son chapeau à la main, devant le prêtre.

— Est-ce que tu te souviens de l'endroit où tu habitais avant de venir à Pont-Saint-Vincent ?... — interrogea l'abbé Sylvain.

— Pas très bien, monsieur le Curé, mais je sais que c'était à Maron...

— Quel âge avais-tu quand ta mère est venue se fixer par ici ?...

— Maman m'a dit souvent que j'avais trois ans...

— Et tu n'as pas le moindre souvenir de rien de ce qui a précédé ?...

— Oh ! si !...

— Tu disais que non !...

— J'ai pas dit aucun souvenir, monsieur le Curé... Je m'souviens très bien d'un gros chien orange et blanc... un chien de chasse... et d'une jolie dame blonde... et d'un grand monsieur qui venaient nous voir...

— Comment était-il, ce grand monsieur ?... — demanda vivement la Tante Lise.

— Ça... j'peux pas dire au juste... c'est très vague...

— Et tu ne sais pas qui c'était ?...

— M'man m'a dit qu'c'étaient les parents du gosse qu'elle avait nourri...

— Tu ne sais pas comment ils s'appe-
laient ?...

— Dame non !...

— Ah !... C'est embêtant !...

— A quoi te servirait de savoir le nom
des gens chez qui la mère de ce petit a été
nourrice ?... — demanda la duchesse.

— Ça me servirait à m'orienter !... Le
nom indiquerait peut-être le pays... et quand
on connaîtrait le pays, on aurait vite fait
de recenser les habitants capables, il y a
quatorze ans... de... Enfin, je me comprends...

— Voilà le premier coup du dîner !... —
dit le duc qui se leva. — Allons ! les enfants !...

Et comme les deux petits accouraient en
se poursuivant, le vieillard ajouta :

— Voyons... un peu de calme !... Offre
ton bras à Francette, Pierrot !...

Sans aucune gaucherie, le gosse arrondit
son bras, en se penchant un peu vers la
petite boule blanche qui se suspendait à sa
veste en riant. Mais Francette le repoussa, et

s'emparant de la main du petit garçon elle l'enferma tendrement dans les siennes, en déclarant d'un ton qui n'admettait pas de réplique :

— Pas le bras, la main... C'est plus gentil !...

Françoise dînait à une petite table placée dans l'embrasure d'une des fenêtres de la salle à manger. Comme le château datait du xi° siècle et que les murs avaient plus d'un mètre d'épaisseur, ces embrasures étaient de véritables voûtes. On avait, ce soir-là, retiré un peu la table, afin de pouvoir placer, en face du couvert de Francette, celui de son ami Pierrot. D'habitude, Jeannette servait au bébé sa soupe au lait et des fruits dont elle mangeait à volonté... puis, après avoir dit un « bonsoir » général, sans déranger les dîneurs, la petite fille allait se coucher.

Ce soir-là, Francette remarqua avec étonnement qu'après avoir servi le potage à « la grande table », le maître d'hôtel, s'approchant la soupière d'une main et la louche de l'autre, demandait à Pierrot :

— Voulez-vous du potage gras... ou du même que mademoiselle ?...

Le petit vit que Francette guettait ardemment sa réponse. Alors il dit : « Du même que mademoiselle !... » tandis que la petite lui lançait un regard reconnaissant.

Il ne semblait nullement embarrassé. Sans déplier sa serviette pour en passer un coin dans son col ou dans la boutonnière de son gilet, Pierrot l'avait étendue sur ses genoux. Il mangeait bien, sans hâte, avec des mouvements élégants et doux.

Madame de Mussy avait pris son lorgnon et le regardait surprise. Mais comme elle avait remarqué que l'abbé Sylvain mangeait, lui aussi, comme mangent les gens du monde, elle réfléchit qu'il avait probablement éduqué son petit protégé. Et elle demanda très bas :

— C'est vous, monsieur le Curé, qui lui avez appris à manger comme ça ?...

— Non, madame... — répondit l'abbé — la façon dont Pierrot se tient à table m'a surpris comme vous... et je l'ai interrogé

pour savoir qui lui avait appris à se tenir
ainsi... Il m'a dit que c'était sa mère...

— C'est vraiment étonnant !...

— D'autant plus qu'elle ne mettait pas en
pratique pour elle-même ce qu'elle lui a
enseigné...

Et s'assurant que le maître d'hôtel venait
de sortir, le prêtre continua d'une voix as-
sourdie :

— Oui, elle a pris un repas quelquefois
au presbytère lorsqu'elle apportait à Annette
de l'ouvrage terminé... Eh bien ! elle mangeait comme les paysans, en tenant son cou-
teau dans son poing fermé appuyé sur la
table, la pointe menaçant le plafond... Elle
avalait sa soupe avec bruit, etc..., etc... C'est
incompréhensible !...

Pierrot ne se doutait pas qu'on parlait de
lui. Il écoutait, souriant et amusé, le gazouil-
lement de sa petite amie, et refusait immuablement les nombreux plats que lui offrait
le maître d'hôtel, à la fois correct et fami-
lier.

On faisait à Arboise bonne et copieuse

chère. Le duc n'appartenait pas à la généra-
tion qui jeûne, sous prétexte qu'on mange
toujours trop, et qui a remplacé le vin par
la bière ou l'eau de Thonon. Il mangeait
bien et buvait sec. Son cuisinier était par-
fait et ses dîners célèbres en Lorraine, où la
cuisine est généralement exquise et les
convives difficiles et exigeants.

Le service, même lorsque les châtelains
d'Arboise dînaient seuls, était toujours
d'une élégance raffinée, la table couverte de
jolies fleurs, de fruits superbes et de gâteaux
venus chaque jour de Nancy, où les pâtissiers
sont merveilleux.

Pierrot vit, sans étonnement et sans envie,
défiler toutes ces bonnes choses auxquelles il
ne toucha pas.

— Il n'a pas d'appétit, votre pupille,
monsieur le Curé !... — dit avec un certain
dédain le duc, que les refus successifs de
Pierrot faisaient tiquer depuis le commence-
ment du repas.

—Ah ! mais, que si !... Il a un royal appétit, au contraire !... Seulement... —ajouta le

prêtre en baissant la voix — il ne veut manger que ce que mange la petite Francette...
pour ne pas la chagriner...

Il se retourna pour apercevoir la table des
enfants à laquelle il tournait le dos, et conclut :

— D'ailleurs, il n'est pas à plaindre, allez,
monsieur le Duc !... Du moment qu'il a des
fruits à gogo... et qu'il peut s'en fourrer
jusque-là, il est heureux... C'est ce qu'il
préfère à tout...

— Jamais Francette n'a veillé aussi
tard !... — disait la duchesse inquiète —
pourvu que ça ne la fatigue pas ?...

— La fatiguer ?... — regardez-la... — fit
la Tante Lise. — Elle est éveillée comme une
« flopée » de souris...

Tandis que, après le dîner, Francette qui
avait repris la main de Pierrot l'entraînait
au salon, on entendit qu'elle lui disait avec
autorité :

— Toi, tu vas t'taire, pas ?... Pis moi,
j'vais d'mander à monsieur l'Curé la permission qu'tu couches ici ?...

— Non !... Non !... faut pas !... — pro-
testait Pierrot avec vivacité — d'abord y
n'voudrait pas...

— Mais... — ripostait la petite, moins
convaincue qu'elle ne voulait en avoir l'air
— y peut pas m'refuser ça, voyons ?...

— Ben, tu peux être sûre que si !...

— Tu sais pas c'que tu dis ?...

— Essaie... et pis tu verras !...

— Allons !... — disait de son côté la
nourrice — viens vite te coucher, Francette,
qu'il est des neuf heures... que c'est un'
honte !... qu'ça n'a jamais arrivé...

— J'irai m'coucher qu'si mon ami Pierrot y vient avec moi...

— Allons, vite, Francette !... — ordonna
la duchesse — obéis !...

— J'obéirai si y monte aussi, Grand'-
mère !...

— Il ne montera pas !... — dit la duchesse
voulant, pour une fois, faire acte d'autorité.

La petite fille s'assit brusquement à terre,
disparaissant à moitié au milieu de la mous-

seline étalée en nuage autour d'elle, et déclara résolument :

— Alors, moi non plus !...

— Ma bonne Pauline... — hasarda le duc
en voyant sa femme se lever menaçante —
je crois qu'il ne faudrait pas gâter cette belle
journée par une sévérité inaccoutumée... et
inutile... C'est vous qui finirez toujours par
céder, n'est-ce pas ?... Alors mieux vaudrait,
à mon humble avis, céder tout de suite...

— C'est bon!... — fit la duchesse à moitié
souriante, à moitié fâchée — Alors, emme-
nez-la vite, Nounou !... Et faites ensuite des-
cendre le petit !...

Francette embrassa le duc et la duchesse,
le curé et la Tante Lise, puis, elle s'empara
de nouveau de son ami Pierrot et alors seulement, répondit à ce qu'avait dit sa grand'-
mère :

— Y descendra quand j'dormirai...

— Elle deviendra bien volontaire... —
murmura la duchesse.

Le duc sourit :

— Ce futur me plaît !...

— Monsieur le Curé... — disait madame
de Mussy — votre petit Pierrot me trotte en
tête... Vous ne croyez pas, dites, qu'il a une
origine... enfin... une origine ?...

— Mystérieuse et magnifique ?... C'est
bien peu probable, madame !... — dit le
prêtre qui conclut, narquois :

— Ce pauvre Pierrot !... le voilà passé
héros de roman, à cette heure !...

IV

A partir de ce jour, les deux enfants vécurent dans une intimité très grande.

La petite Francette ne pouvait plus vivre sans son ami Pierrot. Et Pierrot, lui aussi, trouvait très longs les jours passés sans voir Francette.

Tout de suite, il avait, obéissant au désir des Arboise, décidé la petite fille à prendre des bains froids. Avec une inlassable patience, il lui avait appris à nager. Et elle, pour lui rendre, comme elle disait, sa politesse, avait exigé que la Tante Lise le fît monter à cheval. Pierrot maintenant montait très bien et accompagnait Francette dans toutes ses promenades. Madame de Mussy

qui, d'abord, suivait à pied, comme elle
avait coutume de faire au temps où sa
nièce montait seule, avait fini par accompagner à cheval les deux petits. Ils faisaient
dans le pays de longues courses.

Françoise était étonnamment résistante.
Elle ignorait la fatigue et la peur.

— Maintenant qu'tu m'a appris à plus
avoir peur de l'eau... — disait-elle volontiers, en enveloppant son ami Pierrot d'un
tendre regard — j'suis aussi brave que toi...

Et elle concluait avec un soupir de regret :

— Seulement, voilà !... jamais j'serai
aussi forte !... C't'embêtant !...

Elle était à la fois envieuse et fière de
la force de son ami Pierrot. Cette force extraordinaire, en effet, à laquelle la petite
avait toujours rendu hommage, avait été,
lui semblait-il, officiellement consacrée, un
jour où le duc avait dit en l'envoyant à Port-
Saint-Vincent seule avec son petit compagnon :

— Bah !... il est inutile que Jeannette ou
Baptiste les accompagnent... Pierrot est

assez raisonnable pour empêcher Francette
de faire des bêtises, et assez fort pour la
protéger contre n'importe quoi !...

Et, depuis ce jour, elle répétait volontiers :

— Mon ami Pierrot est très raisonnable et
très fort... C'est Grand'père qui l'a dit...

Non seulement Pierrot avait appris à
nager à Francette, mais il lui avait aussi
appris à lire, en cachette, en ayant l'air de
lui montrer des images, afin de faire une
surprise à la duchesse pour sa fête. La Tante
Lise elle-même ne s'était pas doutée que la
petite, qu'elle savait infiniment paresseuse
et incapable de tout effort intellectuel, appre-
nait à lire en jouant et sans presque s'en
apercevoir. D'ailleurs, le caractère de l'enfant s'était beaucoup assoupli au contact de
son petit compagnon.

La duchesse d'Arboise était née le 15 août,
et comme elle s'appelait Marie-Pauline, on
la fêtait le jour de l'Assomption.

Après la grand'messe, l'abbé Sylvain
monta avec Pierrot au château où ils étaient

invités à déjeuner. Madame de Marincourt,
la fille aînée des Arboise, était là. Elle aussi
fut surprise de la belle mine du petit garçon
qu'elle n'avait pas vu depuis longtemps.

Francette était, en ce jour de fête, à la
grande table, à côté de son ami Pierrot.

— Quel âge as-tu donc, Pierrot ?... — demanda madame d'Arboise qui regardait l'enfant, s'étonnant de le trouver si grand.

— Quinze ans, madame la Duchesse... Il
y a eu hier deux ans que j'suis venu ici pour
la première fois !...

— Deux ans déjà !... — murmura l'abbé
Sylvain — Comme le temps file !... il me
semble que c'est il y a deux jours !... Je vois
encore Francette assise par terre, après le
dîner... refusant de quitter Pierrot...

— Elle est devenue beaucoup plus sage !...
— affirma imprudemment la duchesse —
elle ne ferait plus ça aujourd'hui...

La petite fille répondit paisiblement :

— Essayez un peu de me l'faire lâcher,
Pierrot, pis vous verrez si je n'fais plus ça !...

La Tante Lise jugea utile de faire diver-

sion et elle rappela en souriant : Vous souvenez-vous, monsieur le Curé, de mes suppositions de ce soir-là... Vous m'avez dit
que j'avais l'imagination romanesque ?...

— C'est vrai !... Eh bien, avais-je raison ?...

La comtesse de Mussy répondit en lou-
chant furtivement sur Pierrot :

— Mais ça n'est pas dit du tout, que vous
aviez raison...

— Ah !... vous n'avez pas renoncé encore
à...

— Ma foi non !... J'ai toujours mon idée
de derrière la tête !...

Un valet de pied entrait, portant une très
belle gerbe de fleurs et une carte qu'il pré-
senta à la duchesse.

— J'ai voulu faire attendre ce monsieur
au salon... J'ai dit qu'on finissait de déjeuner... mais il a préféré revenir dans une
heure...

Madame d'Arboise, qui avait pris sur le
plateau la carte, eut un geste de contrariété
et dit, stupéfaite :

— Ah !... Pourquoi m'envoie-t-il des fleurs ?...

— Qui donc ?... — demanda le duc.

— Boigny !...

— Boigny !... — répéta le vieillard ahuri.

Pierrot avait fait un brusque mouvement de surprise. La Tante Lise, qui l'aperçut, demanda :

— Qu'est-ce qu'il y a ?... Tu connais monsieur de Boigny, Pierrot ?...

Le petit répondit tranquillement :

— Je ne le connais pas !... Mais je sais que c'est un monsieur très méchant...

Puis, voyant l'explosion de surprise que sa réponse provoquait, il corrigea :

— C'est-à-dire que je sais qu'il y a un monsieur très méchant qui s'appelle comme ça... Je ne sais pas si c'est celui-là...

— C'est bien probable, mon bonhomme !... mais comment diable sais-tu qu'il est méchant, monsieur de Boigny ?... — demanda madame de Mussy traduisant la surprise générale.

Pierrot, hésitant, promenait sur l'abbé Sylvain des yeux inquiets.

— Réponds, mon petit !... — dit le prêtre — qui est-ce qui t'a dit que ce monsieur est méchant ?...

— C'est maman qui le disait toujours...

— Ah !... — fit la Tante Lise très intéressée, espérant trouver peut-être la piste qu'elle cherchait — quand disait-elle ça, ta maman ?...

— Quand j'étais tout petit.... Je me rappelle ça très bien !... il me semble que j'entends encore maman le dire...

Et, voulant sans doute donner plus de poids à l'appréciation, il ajouta :

— Et papa aussi...

— Papa !... — murmura la comtesse, déçue.

— Papa !... — répéta comme un écho le curé d'Arboise abasourdi — tu as connu ton papa, mon petit ?...

— Mais oui, monsieur le Curé !...

— Pourquoi ne me l'as-tu pas dit ?...

— Mais parce que vous ne m'avez jamais rien demandé, monsieur le Curé !...

— C'est juste !... mais c'est que j'étais tellement convaincu...

— Oui... — fit l'enfant avec un sourire un peu triste — je sais... Il y avait, comme disait maman, une légende sur nous... Mais elle s'en fichait, maman !... Au contraire !... elle disait qu'il ne fallait pas dire qu'on se trompait, parce que, si mam'selle Annette, par exemple, savait qu'elle était veuve, elle ne s'intéresserait plus tant à nous !...

— C'est pourtant vrai !... — murmura l'abbé Sylvain qui regardait en riant madame de Mussy.

Mais la Tante Lise ne se décidait pas à abandonner son idée fixe. Elle demanda :

— Comment s'appelait-il, ton papa ?...

— Nicolas Thouvenin, madame...

— Qu'est-ce qu'il faisait ?...

— Il était bûcheron...

— Où ça ?...

— A Maron...

— Vraiment ?... — murmura madame

de Mussy déconcertée — Et il avait toujours
été bûcheron, tu crois ?...

— Non, madame la Comtesse...

— Ah !...

— Avant ça, il avait été chasseur à pied...
à Saint-Nicolas...

— Tu ne sais pas... — demanda à son
tour le duc — pour quelle raison ta mère
croyait que monsieur de Boigny était méchant ?...

— Pour ça, je ne sais pas... Je sais seulement qu'elle avait une grosse peur de lui...
Je crois même que c'est à cause de ça que
nous avons quitté Maron à la mort de papa...

— C'est singulier !... — fit la Tante Lise
préoccupée.

— C'est ennuyeux !... — dit la duchesse
qui continuait à regarder les fleurs — La
visite de Boigny va me gâter mon jour de
fête !...

— Alors, pourquoi le recevez-vous, Maman ?... — demanda madame de Mussy.

— Pourquoi ?... Eh ! mon Dieu ! parce
qu'il est assez difficile de faire autrement...

— Difficile, si vous tenez à être polie...
mais vous n'y tenez pas, je présume ?... Vous
n'êtes pas assez... jeune pour penser que
c'est par amitié qu'il vous apporte des
fleurs ?...

— Non... évidemment... Et je me demande même dans quel but il m'apporte
des fleurs...

— Dans le but d'expliquer sa visite un
jour comme celui-ci...

— Mais je ne m'explique pas davantage
sa visite...

— Il vient voir si Francette est toujours
en bon état...

— Tiens!... pourquoi donc?... — s'écria
la petite étonnée...

— Pour rien !... — dit vivement le duc,
qui ajouta :

— Allez donc jouer dehors, mes enfants !... le déjeuner est beaucoup trop long
pour vous...

— Et l'dessert?... — demande Francette
pratique — j'veux qu'mon ami Pierrot ait
du dessert...

— Il en aura... et toi aussi... On va vous
porter des fruits...

La petite se laisse glisser de sa chaise et,
bouchonnant sa serviette, saisit la main de
Pierrot en disant d'un air entendu :

— Trottons-nous, mon ami Pierrot... On
veut dire des s'crets !...

— Voulez-vous, Maman... — propose la
Tante Lise — que je le reçoive, moi, Boigny ?...

— Je veux bien... mais... qu'est-ce que
tu lui diras ?...

— N'importe quoi... que vous êtes allée
à Bon-Secours comme tous les ans le jour
de l'Assomption... et ce sera vrai puisque
vous devez y aller à quatre heures... ou que
vous avez été voir madame d'Aiguevive...

— Justement !... — dit le duc — j'ai
oublié de vous le dire, Pauline !... Aiguevive
m'a écrit ce matin... Sa femme est souffrante... elle ne peut pas venir... et elle vous
réclame, ainsi que Francette...

— A propos de Francette... — fit madame d'Arboise ennuyée — il faudrait

bien nous décider à dire aux Aiguevive...

Elle s'arrêta parce que son mari la regardait avec insistance. Puis, comme le déjeuner finissait, elle quitta la table.

— Je vous faisais signe de vous taire... — expliqua le duc dès que l'on fut dans le salon — parce qu'il est inutile de parler de nos craintes devant les domestiques...

— Oh !... Baptiste nous est tellement dévoué..: et il adore tellement Francette !...

— Certes... aussi je ne le soupçonne nullement, de bavardages intempestifs... Seulement je trouve qu'il vaut mieux ne pas avouer devant lui, sans nécessité absolue, que nous soupçonnons de... de tout... un homme de notre monde...

— Et même de notre famille !... — dit madame de Mussy en riant.

— Il faudrait... — dit la duchesse gênée de cette conversation à laquelle ne se mêlait pas l'abbé Sylvain — mettre monsieur le Curé au courant...

— J'y suis, madame la Duchesse !... j'y

suis !... Il y a deux ans, vous avez exprimé
vos craintes devant moi... au sujet d'une
précédente visite de monsieur de Boigny...
Tenez, précisément le jour où vous avez
pour la première fois invité mon petit Pierrot...

— C'est juste !... Eh bien, figurez-vous,
monsieur le Curé, que, depuis ce temps,
nous n'avons pas encore eu le courage,
mon mari ou moi, de dire à nos pauvres
amis d'Aiguevive que nous les prions de
renoncer à leur généreuse pensée...

— Ce courage-là, je crains bien que nous
ne l'ayons jamais... — murmura le duc

— Il est si pénible de bouleverser de nouveau deux pauvres êtres qui se sont repris à
vivre et à vouloir... Francette est tout leur
avenir à présent... Ils soignent pour elle
les magnifiques jardins français d'Aiguevive... Ils entretiennent le château avec le
même amour qu'ils l'entretenaient jadis
pour le pauvre Georges... Ils gardent leur
chasse... et quelle chasse !... avec un soin
jaloux pour le mari de Francette...

— Il y a au moins trois mille hectares de
terre à Aiguevive ! — dit l'abbé Sylvain.

— Quatre mille cinq cents, monsieur le
Curé...

— Et ne trouvez-vous pas que, peut-être,
c'est dommage de refuser un pareil don !...

— Évidemment, c'est dommage !... d'autant plus que, réuni à Arboise, ça ferait un
joli lopin.. mais, entre cette magnifique
fortune et la sécurité de Francette, il n'y
a pas à hésiter...

— Le tout est de savoir si la sécurité de
Francette est menacée...

— Elle l'est, monsieur le Curé !... ou du
moins elle le serait si ce bruit qu'elle héri-
tera des Aiguevive s'accrédite !... Tenez !...
regardez la figure d'Élisabeth qui est pourtant une espèce de Roger bon temps, qui ne
rêve que plaies et bosses, et ne veut jamais
croire aux malheurs que quand ils sont arrivés... Eh bien, vous voyez cette tête qu'elle
fait...

— Lise est convaincue que Boigny serait
très capable de supprimer Francette... elle

me l'a dit !... — affirma madame de Marincourt.

La Tante Lise dit :

— Oui... c'est vrai !... Je crois Boigny un
sale individu, capable de toutes les bas-
sesses, et même de tous les crimes... Je le
crois décidé à accomplir coûte que coûte sa
volonté !...

— Il est fort possible, — dit l'abbé Sylvain, — que monsieur de Boigny soit capable de tout pour accomplir sa volonté,
mais il peut se trouver en face d'une volonté
égale ou même supérieure à la sienne...

— Que non !... Quelle volonté serait
égale à...

— Mais, par exemple, celle de Dieu...

— Ah ! parfaitement !... Ne croyez pas,
monsieur le Curé, que je la néglige, celle-
là... Seulement, si, comme j'en suis sûre,
Dieu veut que l'on expie le mal que l'on a
fait, il le laisse faire quand même parfois...
Et c'est ça qu'il faut prévoir... Rappelez-
vous la mort du prince de Condé !... Quand
il a été avéré qu'il allait déshériter le duc

d'Aumale, devenu fils de roi, en faveur du
duc de Bordeaux dépossédé, on l'a accroché
à l'espagnolette de sa fenêtre... Ça n'a pas
traîné...

— Que Lise croie à toutes ces affreuses
possibilités, ça m'affole !... — murmura
madame d'Arboise terrifiée — parce qu'elle
est la dernière à s'inquiéter... elle est même
parfois d'un optimisme stupide...

Et, revenant à son idée, la vieille dame
conclut :

— C'est égal !... il m'a gâté mon pauvre
jour de fête, ce Boigny !...

— Écoutez, Maman... — dit gaiement la
Tante Lise — je vous propose deux choses. :
d'abord celle que je vous ai déjà proposée...
recevoir Boigny... Quand je l'aurai reçu,
et congédié, j'irai conduire Francette à madame d'Aiguevive... et pendant qu'elle
jouera dans le parc, je lui débiterai le
petit boniment que vous n'osez pas lui
débiter...

— Tu n'imagines pas, ma petite, le service que tu nous rendras, à ton Papa et à

moi... Ce sera un poids de moins sur nos
vieux cœurs... Mais ne crains-tu pas que
Boigny ne soit à Aiguevive en même temps
que vous ?...

— Il a dû y aller déjà... et je crois qu'une
seule visite par an c'est déjà bien gentil...
étant donné la nature de ses relations avec
ses bons cousins...

— C'est égal !... Prends bien garde à
Francette, mon Dieu !... Tu vas emmener
Jeannette pour la garder ?...

— J'emmènerai plutôt Pierrot... si monsieur le Curé veut bien le dispenser des
vêpres !...

— Je l'en dispense... Il en sera dispensé
tous les dimanches à partir du mois d'octobre... Alors, un peu plus tôt ou un peu
plus tard...

— Pourquoi ?... — demanda madame de
Marincourt — Pierrot n'ira-t-il plus aux
vêpres au mois d'octobre ?...

— Parce qu'il sera au lycée !...

— Oh !... — s'écrie la duchesse terrifiée
à la pensée du désespoir de Francette —

Pourquoi le mettez-vous au lycée, monsieur
le Curé ?...

— Parce que, pour les examens, pour
les écoles, c'est plus pratique...

— Pourquoi ?... puisque vous pouvez le
préparer à tout ?... — demanda impétueusement la Tante Lise. — Il paraît que vous
êtes un puits de science, monsieur le
Curé !... Alors, pourquoi le mettez-vous en
boîte, ce pauv' Pierrot ?...

— Parce que, je vous le répète, madame,
j'étais bon pour le baccalauréat, mais...

— Comment, vous étiez bon... vous dites
ça comme si vous ne l'étiez plus...

— Je n'ai pas changé, mais mes conseils
sont devenus inutiles au petit puisqu'il est
bachelier...

— Comment, il est bachelier ?... —
s'écria le duc étonné.

— Mais oui !... depuis le printemps...

— Ah !... c'est un peu fort !... Comment
ne l'avons-nous pas su... ?

— Mais parce que ça n'a rien de bien
intéressant en soi et que...

— Ce qu'il est modeste, ce petit !... — dit madame d'Arboise — et gentil... et bon !... et intelligent !...

L'abbé Sylvain affirma :

— Le fait est, madame la Duchesse, qu'il a une nature exquise, mon petit Pierrot... J'en suis encore à lui trouver un défaut... Il est un peu orgueilleux peut-être, mais...

— Mais ce n'est pas un défaut...

— Maman !... — dit la Tante Lise, — je ne voudrais pas vous troubler, mais on a sonné la cloche de la grille...

— Ah ! mon Dieu !... — murmura la duchesse qui se leva brusquement.

— C'est le sympathique Boigny, je le crains... — acheva madame de Mussy.

— Je file avec ta maman et monsieur le Curé... — dit le duc.

Se tournant vers sa fille aînée, il ajouta :

— Viens-tu, Marie ?...

— Je viens... — répondit madame de Marincourt — mais je regrette de ne pas assister à l'entrevue de Lise et d'Adrien de Boigny...

— Prends garde !... — recommanda le
duc en s'en allant — n'aie-pas la main trop
lourde, ma petite fille... Il est inutile de te
faire prendre en grippe par ce mauvais
drôle !...

— Je crois qu'il ne peut guère me détes-
ter, plus qu'il ne me déteste déjà !... — répondit en riant la Tante Lise, qui prit un
journal et, s'installa dans une bergère en attendant l'entrée de son cousin.

Quand le vicomte de Boigny aperçut
madame de Mussy toute seule dans le grand
salon, il devina à peu près ce qui venait de
se passer. Sur son visage habituellement
figé dans une expression d'ennui, glissa un
sourire, et il dit, d'un air aimable et d'un
ton coupant :

— Quelle chance de vous rencontrer aussi,
Élisabeth !... il y a au moins trois ans que je
n'avais eu ce plaisir...

— Oh !... croyez-vous !... — fit madame
de Mussy, banalement gracieuse — il ne me
semble pas qu'il y ait si longtemps que
ça !...

— Ça prouve que ce qui me paraît long,
vous paraît court !...

Il regarda, en clignant légèrement les
yeux, la Tante Lise et déclara :

— Vous savez que vous êtes toujours très
jolie !...

— Ah ! mon pauvre Adrien !... si nous
nous mettons à dire des bêtises entre nous,
à cette heure !...

— Quoi !... je ne peux pas... en attendant ma cousine et mon cousin... vous dire
que vous êtes toujours la jolie et fraîche Lise
d'il y a quinze ans...

— Non... ne me le dites pas... d'autant
plus que ça serait fastidieux à la longue... et
que ça pourrait durer longtemps... parce
que, figurez-vous, Papa et Maman ne sont
pas là !...

M. de Boigny s'attendait à cette réponse.
Néanmoins, il manifesta un étonnement
profond.

— Comment, pas là ?... Mais, tantôt,
le valet de pied à qui j'avais dit que je re-
viendrais ne m'a pas averti...

— C'est qu'il ne savait pas que Maman
devait être à Bon-Secours avant deux heures
et demie comme tous les ans à pareil jour...
Le curé lui bénit des chapelets, des petites
médailles... un tas de bibelots... et il faut
qu'elle le voie avant les vêpres... Alors vous
comprenez...

— Je comprends... — fit M. de Boigny du
bout des lèvres — je comprends parfaitement... que mes cousins ne se soucient pas
de me voir...

— Oh !... — murmura la Tante Lise —
pourquoi ne s'en soucieraient-ils pas ?...

— Pourquoi... Parce qu'ils ne peuvent
pas me sentir, parbleu !... Vous non plus,
d'ailleurs !...

— ......

— Je ne sais pas ce que l'on peut avoir à
me reprocher... Mon mariage, peut-être ?...

Et sans paraître voir le geste de dénéga-
tion de madame de Mussy, il reprit :

— Il est certain que j'aurais préféré
épouser une jolie femme de mon monde...
Seulement je n'avais pas le moyen de me

passer cette fantaisie... Alors, peut-être est-
il un peu... excessif de me reprocher ce
qui...

— J'ignore si Papa et Maman vous re-
prochent quelque chose... — dit paisiblement la comtesse — Quant à moi, ce n'est
pas de votre mariage que je vous fais grief...
Oh ! pas du tout !... Il m'est totalement indifférent...

— Alors quoi ?...

— Puisque vous insistez, je vous dirai que
votre attitude au moment des histoires de
Georges m'a écœurée... Oh ! combien !...

— Mais, ma chère Élisabeth, je n'ai rien
fait, rien que de très normal... Mon oncle et
ma tante s'adressaient à moi pour avoir des
nouvelles de leur fils... je m'ingéniais à leur
en donner...

— En le chargeant... en racontant de lui
et de sa femme tout ce que vous saviez de
nature à exaspérer les Aiguevive contre
eux... Si, quand au moment de s'expatrier,
Georges a demandé à ses parents la permission de leur dire adieu, vous ne vous y

étiez pas opposé, ces pauvres gens auraient
embrassé ce fils qu'ils adoraient et qu'ils ne
devaient plus revoir, au lieu de le laisser
partir avec une dureté dont le souvenir
empoisonne aujourd'hui leur vie... Qu'est-
ce que vous regardez ?...

— Je regarde... — répondit M. de Boigny
qui s'était approché d'une fenêtre — la petite Françoise qui joue avec un jeune
homme...

— Ce n'est pas un jeune homme... C'est
un gosse de quinze ans...

— Mâtiche !... il est bien venu pour son
âge, le gosse !... Quels sont les voisins à qui
il appartient ?...

— Il n'appartient à aucuns voisins...
C'est un enfant qui est chez le curé d'Arboise...

— Elle est jolie, la petite Françoise !...

— Elle est surtout solide et bien por-
tante... — répondit négligemment madame
de Mussy — mais vous n'avez pas à vous
préoccuper de cette solidité, mon cher
Adrien...

Et comme le vicomte faisait un mouvement, elle expliqua avec sérénité :

— Oui... je me rends bien compte que
vous êtes au fait d'un potin qui court le
pays... On raconte, ici, à Nancy, partout où
l'on connaît les Aiguevive et nous enfin,
que nos vieux amis ont l'intention de faire
de Francette leur héritière... Alors, vous
préféreriez, n'est-ce pas, que la petite, au
lieu d'être la superbe gosse qu'elle est, fût
l'oiseau pour le chat dont vous parliez à
Papa il y a environ deux ans à pareille
époque... du moins, je crois que c'est il y a
deux ans... L'an dernier, quand vous êtes
venu pour les vérifications annuelles, nous
étions tous à Nancy et vous n'avez vu personne...

— En vérité, ma chère Élisabeth... —
balbutia M. de Boigny d'une voix que la
colère enrouait — je ne sais ce qui vous
donne le droit de faire des suppositions aussi
insultantes pour moi...

— A quoi bon les grands mots !... Je
vous ai raconté simplement une décou-

verte toute simple que j'ai faite... Ad-
mettons que je me suis trompée sur l'intérêt de cette découverte, ou même sur la
découverte elle-même, et n'en parlons
plus...

— C'est encore heureux !...

— Je vais toutefois vous dire... et ce sera
la dernière fois que je vous parlerai de ces
choses... que si les Aiguevive ont eu l'idée
un instant de laisser leur fortune à ma
nièce, ils ont abandonné cette idée... Ils
savent que Papa... ou, s'il était mort à ce
moment-là, celui qui l'aurait remplacé
comme tuteur de Francette, refuserait la
succession, ce qui remettrait tout en l'état
normal...

— Mais pourquoi diable... — demanda
M. de Boigny stupéfait — mon cousin d'Arboise refuserait-il pour sa petite-fille une
pareille fortune ?...

— Pourquoi ?... Parce que Papa craint
que cette fortune n'attire à Francette des
inimitiés qu'il juge, à tort ou à raison, in-
quiétantes...

— Il changera d'avis... et il fera sage-
ment...

— Non... sa décision est irrévocable...

Il y eut un petit silence. Puis, la Tante
Lise demanda :

— Les avez-vous vus, les Aiguevive ?...

— Oui... je suis allé à Aiguevive hier...
J'ai trouvé ma tante très changée...

— Pauvre femme !... elle a tant, tant de
chagrin !... Quand je pense à cette adoration qu'elle avait pour Georges !... Vous
souvenez-vous quand nous étions petits, et
que nous jouions à des jeux, plutôt dange-
reux d'ailleurs, je le reconnais, dans quelles
transes elle était !... et la façon dont elle
couvait Georges...

— C'est toujours les enfants les plus
choyés et les plus adulés qui sont les plus in-
grats...

— Ah ! permettez !... Georges n'a pas
été ingrat !... Il a voulu faire un mariage qui
n'était pas, je le veux bien, un beau mariage
au point de vue de l'argent... mais à ce point
de vue seulement... Tout le reste était pour

satisfaire les plus difficiles !... Une des plus vieilles et honorables familles de Bretagne, une jeune fille ravissante...

— Oh ! ravissante !... si vous l'aviez vue...

— Mais je l'ai vue, précisément !... Oui... à la veille de s'embarquer, Georges est venu nous voir à Lunéville où nous étions en garnison à ce moment-là... Elle était très, très jolie !... elle avait l'air intelligent et bon... Enfin, elle était, à mon avis, épatante, tout bonnement !...

— Vous exagérez !...

— Mais non... Je me souviens même que nous avons fait cette réflexion, mon mari et moi, que le bon monsieur d'Aiguevive, qui était pour les choses décoratives, ratait une belle occasion de produire une belle-fille sensationnelle... Nous nous la représentions à l'Opéra... dans la belle loge entre-colonnes des Aiguevive !... Quel effet !... Jamais je n'ai vu une tête mieux posée sur un plus beau cou... Et distinguée !... et simple !... et gentille avec ça !... J'ai rudement regretté de les voir partir, allez !... et pourtant je ne soupçonnais pas leur abominable fin... loin de tout... et misérables...

— Vous êtes romanesque !...

— Romanesque ?... Ben, vous en avez de bonnes !... Dites-moi, mon cher Adrien, je ne voudrais pas vous renvoyer... Mais je suis obligée de sortir pour promener...

Elle allait dire : ma nièce. Elle s'arrêta et reprit :

— Mon cheval...

— Comment !... vous montez à cheval le quinze août !...

— Pourquoi donc pas ?...

— Je ne sais pas... parce que c'est un jour à excursionnistes, à ivrognes, et cætera...

— Dans la forêt de Haye il n'y a rien de tout ça... c'est très tranquille... Vous avez une voiture, naturellement...

— Oui... un auto que j'ai trouvé à Nancy...

— Alors, au revoir !...

— Au revoir, Élisabeth !... mes respects à mes cousins, je vous prie...

— Oui... merci... Ah !... j'ai oublié !... Maman m'avait bien recommandé de vous remercier de vos jolies fleurs...

— Il n'y a pas de quoi !... A l'an prochain, j'espère ?...

— A l'an prochain !... et n'oubliez pas, je vous prie, que ce n'est pas pour ma nièce que vous serez déshérité... si vous l'êtes...

Et comme il esquissait un geste qui était de protestation autant que de colère, la jeune femme affirma :

— Je n'ai pas parlé en l'air, ou pour bluffer... Ce que je vous ai dit est l'absolue vérité... je vous en donne ma parole... Alors... ne vous occupez plus de Francette, n'est-ce pas ?...

— En vérité, vous êtes ridicule pour une femme d'esprit... On croirait à vous entendre que je veux la manger, votre Francette ?...

— La manger, non !... Il y a des chas-

seurs qui ne mangent pas de leur chasse,
vous savez...

— Ma chère Élisabeth, vous avez de la
chance d'être une femme...

La Tante Lise répondit en riant :

— C'est plutôt vous qui avez de la chance
que j'en sois une !...

Tandis qu'elle pensait à part elle :

— Parce que, sans ça, je nous débarras-
serais vite de toi, va, mon vieux !...

V

Quand Madame de Mussy arriva dans le
parc d'Aiguevive avec les deux enfants, il
était près de quatre heures. Le soleil descendait, incendiant le château qui se découpait en rose sur le ciel d'un bleu très pur. Et
comme Pierrot regardait extasié, la tante
Lise demanda :

— Tu trouves ça beau, hein ?...

— Oh ! oui !... C'est drôle !... J'ai vu son
portrait, à ce château-là !...

— Tu auras vu une photographie chez
monsieur le Curé...

— Non... pas chez monsieur le Curé... et
pas non plus en photographie... C'est en
couleurs, que je l'ai vu... .

La marquise, avertie par la grosse cloche, attendait sur le perron.

— Qu'est-ce que c'est que ce jeune homme ?... — demanda-t-elle en voyant Pierrot se diriger à cheval vers les écuries, derrière les chevaux de la Tante Lise et de Francette qu'un valet de pied emmenait.

— C'est un petit ami de Francette... que j'ai amené pour qu'il la promène un peu dans le parc pendant que nous causerons...

— Est-ce que c'est « mon ami Pierrot » ?... — questionna la vieille dame en souriant.

— Justement !...

— Ah !... je suis contente de le voir !... J'ai tant entendu parler de lui !... C'est un beau gars !...

Et tout de suite, le visage attristé et les yeux pleins de larmes, la pauvre femme murmura :

— Quand je pense que j'aurais pu en avoir un comme ça !...

Elle ajouta, en se penchant vers Francette qu'elle embrassa tendrement :

— Enfin !... j'ai cette enfant-là pour me consoler, heureusement !...

Elle regarda la petite, toute menue dans son amazone bien coupée, avec ses belles boucles cuivrées qui dansaient sur ses épaules, et acheva tout bas :

— C'est un amour !...

— C'est vrai !... elle est délicieuse, et si gentille, si bonne petite fille, si tendre... si amusante aussi...

Puis, la Tante Lise, qui redoutait de secouer péniblement sa vieille amie et qui, d'autre part, tenait absolument à régler définitivement la question de l'héritage, demanda :

— Comment allez-vous, Marraine ?...

— Mieux, puisque je vous vois toutes les deux... mais j'ai été bien patraque tous ces derniers jours... D'ailleurs, mon mari a dû l'écrire à ton père...

— Mais oui... C'est pour ça que je suis venue avec Francette... parce que Maman ne pouvait pas venir... Elle est à Bon-Secours aujourd'hui...

— C'est vrai !... c'est sa fête !... Et moi qui n'ai pas pensé à la lui souhaiter !...

— Permettez-vous que Francette aille se promener ?... — dit madame de Mussy qui apercevait dans une allée du parterre français la haute silhouette de Pierrot.

— Qu'elle aille se promener tant qu'elle voudra !...

Francette s'échappa en courant. Alors, la Tante Lise, se tournant vers la marquise, lui expliqua en quelques mots les désirs et les craintes du duc et de la duchesse et leur hésitation à causer à M. d'Aiguevive et à elle un chagrin.

— Je comprends très bien vos inquiétudes, ma chère petite... — dit enfin la vieille dame quand elle eut fini de parler — et l'idée ne nous viendra pas, à mon mari ni à moi, de discuter les volontés de tes parents... Mais, dis-moi, Lise, crois-tu sincèrement que mon neveu soit capable de... de supprimer quelqu'un qui le gênerait ?...

— Sincèrement, je le crois, Marraine...

— Tu crois peut-être qu'il l'a déjà

fait ?... — questionna encore madame d'Aiguevive.

— Mais... je ne crois pas... je...

— C'est bon !... je te devine à travers tes
réticences, va !.. Tu crois qu'Adrien a tué
son beau-frère, n'est-ce pas ?...

— Encore une fois, Marraine, je ne peux
rien dire... je ne sais rien... Nous avons tous
peur d'Adrien pour Francette... un point
c'est tout !...

— Il est venu ici hier...

— Oui !... il me l'a dit...

— Tu l'as donc vu ?...

— Tout à l'heure...

— Tu ne lui as pas, j'espère, laissé entendre que tu le crois capable de... de...

— Si !...

— Tu ne crains pas qu'il ne te prenne en
horreur ?...

— C'est fait depuis longtemps !...

— Francette !... — cria au loin Pierrot !... — Francette !... ne te cache pas
dans les fossés du château, c'est défendu !...

La marquise ferma les yeux.

— C'est singulier !... j'ai cru entendre la voix de Georges... comme autrefois !... Maintenant, chaque fois que j'entends une voix jeune et claire, je m'imagine que c'est la sienne... Ça va devenir pénible terriblement... Et c'est nouveau, ça !... Jusqu'ici je n'avais pas éprouvé cette douloureuse impression...

— Et vous ne l'éprouverez plus, Marraine !... Je me rends bien compte de ce qui s'est produit... D'abord, Pierrot a une voix très sonore et qui porte très loin...

— Georges aussi avait cette voix-là !...

— Oui... Mais la sienne était beaucoup plus forte... Ensuite, Pierrot a précisément dit, parce que je lui avais recommandé d'empêcher Francette de jouer à la cachette dans les fossés, la phrase que Georges a criée si souvent jadis pour faire respecter cette défense... L'idée vient à tous les enfants de se cacher là-dedans... Et elle leur viendra tant qu'Aiguevive durera...

— Pauvre Aiguevive !... — murmura la

marquise attristée — Dieu sait ce qu'il deviendra maintenant que vous n'en voulez
plus pour Francette !... Nous allons recommencer à ressentir, mon mari et moi, cette
impression que l'on ressent à la pensée de
laisser, après soi, des êtres faibles et désemparés, des enfants, ou des infirmes, ou des
animaux... Autrefois, on avait la ressource
de léguer à des ordres religieux... on savait
que la vieille demeure serait, sinon entrete-
nue avec goût, du moins honorablement
habitée... Mais maintenant !... Il y aurait
bien une combinaison...

— Qui serait ?...

— Qui serait de te laisser tout ça...

— A moi !... — fit madame de Mussy
stupéfaite, à moi... — mais vous n'y songez
pas !...

— Pourquoi ?... Tu n'as pas peur d'A-
drien, toi ?...

— Oh ! quant à ça, pas le moins du
monde !...

— Eh bien, alors ?...

— Eh bien... j'ai bientôt trente-cinq

ans... et pas d'enfants... et je mourrai peut-
être avant vous, qui sait ?...

— Mais moi, mon pauvre petit, j'ai
soixante-quatre ans... trente ans de plus que
toi... et mon mari en a soixante-dix... et
nous ne souhaitons ni l'un ni l'autre faire
de vieux os... Nous ne sommes pas heureux,
tu sais!... Ah! ma petite Lise!... nous payons
cher notre dureté, va !...

— Ma pauvre Marraine !...

— Dis-moi la vérité... tu as trouvé que
nous avions été affreux pour Georges, n'est-
ce pas ?...

— ......

— Je t'en prie, ma petite fille, réponds-
moi franchement... Ton sentiment réel ne
peut pas être plus sévère que ce que je
redoute... par conséquent, tu peux parler...
et je t'en prie ?...

— Eh bien, Marraine, j'avoue n'avoir pas
compris cette opposition quand même...
Georges était si riche qu'il pouvait bien s'of-
frir une femme pauvre... La jeune fille était
très jolie... parfaitement élevée, de réputa-

tion intacte... Les Landevenec étaient des
gens parfaits, honorables, bien nés entre
tous !... Alors je n'ai pas compris, mais là,
pas du tout...

— Mais tu oublies... Oh ! je ne dis pas çà
pour nous excuser, nous sommes inexcu-
sables !... Tu oublies que les renseignements
qui nous ont été donnés étaient tout autres...
La jeune fille nous a été représentée comme
une intrigante qui avait mis, avec prémédi-
tation, la main sur un jeune homme qu'elle
savait riche... les parents comme des rou-
blards qui l'y avaient aidée de tout leur pouvoir...

— C'est vrai !... mais c'est cette fripouille
d'Adrien qui vous a renseignés de la sorte !...
Une intrigante !... Elle n'avait pas l'air de
ça, la pauvre petite !...

La marquise regarda madame de Mussy
avec des yeux arrondis :

— Qu'est-ce que tu dis ?... Pas l'air de
ça !... Tu l'as donc vue ?...

— Oui !...

— Pourquoi ne me l'as-tu jamais dit ?...

— Parce que, dans ce temps-là, il était impossible de vous parler de rien, Marraine !... La seule fois que j'avais essayé, vous m'aviez remise lestement à ma place, rappelez-vous ?...

— C'est vrai, mon Dieu !... mais depuis ?...

— Depuis... Eh bien, je n'ai pas voulu vous faire inutilement de la peine...

— Comment était-elle ?...

— Je l'ai très peu vue... cinq minutes à peine à la gare de Lunéville, où Georges avait demandé à mon mari de venir lui dire adieu au passage du train... Mais elle m'a paru absolument ravissante... et distinguée, et fine... et belle !... Son visage s'est un peu effacé... il est vague à présent dans ma mémoire... Mais ce que je vois encore nettement, c'est sa grande silhouette élégante, et sa façon de marcher à longs pas souples, quand nous arpentions le quai de la gare... Je me souviens aussi de son charme, de sa douceur...

— Mon Dieu !... — murmura la pauvre

femme désolée — mon Dieu !... Pourquoi
avoir permis que nous ayons été fous à ce
point !... Mais il faut dire aussi que Georges
avait exaspéré son père... Les sommations
ont suivi de tout près son refus de donner
son consentement au mariage... Si encore il
avait un peu attendu, si...

— Il se rendait bien compte que tout serait inutile, et que jamais monsieur d'Aiguevive ne céderait du moment où Adrien était
dans l'affaire... Et vous ne savez pas, Marraine ?... C'est ça que je pardonne le moins
à Adrien... Vous m'avez demandé tout à
l'heure si je croyais que monsieur Goldmann
avait été supprimé par lui ?... Oui, je le
crois... et si j'étais à la place de madame de
Boigny, je ne serais pas tranquille non
plus... Eh bien, tout ça me semble presque
négligeable, en comparaison de ce qu'il a
fait en vous séparant de votre fils...

— Et dire que nous n'avons rien vu...
rien deviné !... Et les enfants que j'oublie !...
Appelle-les, veux-tu ?... je vais faire appor-
ter leur goûter ici...

Madame de Mussy fit quelques pas dans
le parc, appelant les enfants qu'elle n'entendait plus courir et parler.

Et tout à coup, elle vit, d'un massif de
lilas, sortir doucement Pierrot qui lui dit à
demi-voix :

— Francette dort là, dans l'herbe... Elle
dort si bien que je n'ose pas la réveiller...

Couchée sur la pelouse, la tête appuyée
sur son bras replié, ses belles boucles cuivrées couvrant à demi son visage tout rose,
la petite fille était tellement jolie que la
Tante Lise voulut la montrer à la marquise.

— Attends un instant... — dit-elle à
Pierrot — je vais chercher madame d'Aiguevive pour qu'elle voie dormir Francette...

— Faut-il que je m'en aille ?... — demanda le petit.

— Mais non, mon bonhomme... pourquoi
t'en irais-tu ?... Reste à côté de Francette
au contraire, et tâche que rien ne la réveille
avant mon retour...

Quand la marquise et madame de Mussy revinrent, Pierrot, agenouillé dans l'herbe et penché sur Francette, balançait lentement, d'un geste large et gracieux, une branche de troène pour éloigner les mouches du visage de la petite fille endormie.

Ce fut lui que madame d'Aiguevive admira d'abord.

— Mais où diable ce petit a-t-il été pêcher un tel air ?... — demanda-t-elle, étonnée de la distinction de Pierrot.

— Je n'en sais rien... et « j'me l'demande !... » — répondit la Tante Lise en riant — je me le suis demandé surtout quand je croyais que Pierrot n'avait pas de père connu... mais depuis que je sais qu'il en avait un, j'attribue ce que Jeannette appelle « ses airs de roi » à un simple caprice de la nature...

En entendant chuchoter auprès d'elle, Francette avait ouvert les yeux. D'un bond elle se dressa sur ses pieds, honteuse d'avoir dormi.

— Méchant !... — fit-elle en secouant le

bras de Pierrot — méchant qui m'as laissé
m'endormir !...

— C'est toi qui es méchante... — dit la
Tante Lise — d'attraper le pauvre Pierrot
qui t'a soignée si gentiment...

Francette frappa le gazon de sa petite
botte :

— Ben, j'veux pas d'ça !...

— Comment, tu ne veux pas de ça ?...

— Non !... j'veux pas qu'y m'soigne...
j'veux qu'y m'aime...

— C'est la même chose !... — dit doucement Pierrot, tandis que madame d'Aiguevive tournait la tête vers lui d'un mouvement si brusque qu'il s'arrêta tout interdit.

— Qu'est-ce que vous avez, Marraine ?...
— demanda la Tante Lise surprise, elle
aussi.

Madame d'Aiguevive balbutia, et il y avait
dans son accent une détresse infinie :

— C'est cette voix encore !... c'est vraiment une obsession !... Un de ces jours, je
deviendrai folle tout à fait !...

Madame de Mussy regarda Pierrot en posant, pour lui faire signe de ne pas parler, un doigt sur ses lèvres. Mais la marquise surprit le regard et dit en s'efforçant de sourire :

— Par exemple !... tu ne vas pas l'empêcher de parler à cause de moi ?...

Et, regardant toujours Pierrot de tous ses yeux, elle conclut en étendant vers lui la main :

— Parle, va, mon petit !... sans prendre garde à la vieille maniaque que je suis...

Pierrot debout, les talons joints, le chapeau à la main, regardait avec une admiration émue la vieille dame en deuil qui le traitait avec tant de douceur. Il comprenait obscurément qu'il lui avait fait de la peine sans savoir comment, et il avait de cela un chagrin très grand.

Et, machinalement, sans même se rendre bien compte de ce qu'il faisait, il saisit la belle main blanche qui se tendait vers lui et, d'un mouvement plein de tendresse et de respect, il l'amena contre ses lèvres.

— Mon petit !... — murmura madame d'Aiguevive surprise et bouleversée par cette caresse ingénue — mon cher petit !...

Très étonnée, la Tante Lise regardait Pierrot. À la fin elle dit :

— Ces façons-là aussi, je me demande où il va les pêcher !...

— Il est tout le temps à Arboise?... — demanda la marquise.

— Tout le temps que le curé ne le fait pas travailler... la petite ne peut pas se passer de lui...

La marquise resta quelques instants sans parler, regardant Pierrot qui courait vers le château pour rattraper Francette. Puis elle dit :

— Quand elle va grandir, ça deviendra un peu inquiétant, cette intimité ?... Tourné comme il l'est, ce petit ne peut manquer de plaire aux femmes... et Francette, en dépit de ses airs de garçon, est femme jusqu'au bout des ongles...

— Oui... évidemment... mais ils sont tellement comme frère et sœur... Croyez-vous qu'élevés ainsi ensemble des enfants se gobent beaucoup...

— Qu'est-ce que tu dis ?...

— Pardon, Marraine, je disais, je voulais
dire, du moins... Croyez-vous que des enfants qui grandissent l'un près de l'autre,
qui voient leurs défauts réciproques, qui se
bousculent, qui se jugent, puissent à un moment donné se toquer... pardon, s'éprendre
l'un de l'autre ?...

— Mon petit, je pourrais te répondre en
citant « Paul et Virginie », ce qui d'ailleurs
ne prouverait rien... Je te dirai seulement
que ces enfants-ci ne sont pas du tout ce que
tu disais tout à l'heure... Ce ne sont pas des
enfants du même âge qui grandissent ensemble... Ce petit a... combien de plus que
Francette ?...

— Neuf ans, Marraine !...

— Eh bien, il sera très vite un jeune
homme... Francette le prendra forcément au
sérieux... elle l'admirera...

— Elle l'admire déjà...

— Ça ne me surprend pas... et il aura
beau être un paysan...

— Il ne sera pas un paysan... L'abbé Syl-

vain... qui a, je crois, de la fortune... et qui
me paraît l'avoir adopté complètement, lui
a laissé choisir sa carrière... Il va aller à
Saint-Cyr...

— Alors, raison de plus pour vous méfier
de l'imagination de Francette... Comment
s'appelle-t-il, ce beau petit ?...

— Pierre Thouvenin...

— Un nom bien lorrain, il en sort des pa-
vés, des Thouvenin... D'où est-il ?...

— Il est né à Maron où son père était bûcheron... sa mère était de Laxou...

— Eh bien, je crois que ton père n'accep-
terait pas volontiers un petit-fils de cette origine...

— Mais nous n'en sommes pas là, grâce
à Dieu, Marraine !...

— Je le pense bien !... Seulement, si jamais vous en étiez là, soyez indulgents ?...
Ne faites pas ce que nous avons fait autrefois... L'important, vois-tu, ma petite Lise,
c'est de garder près de soi des enfants heureux... Tout à l'heure, en voyant le petit penché sur Francette, j'ai pensé : Il l'aime et elle

l'aimera... et puis ensuite il a parlé... et je
n'ai plus pensé qu'à sa voix... Et maintenant, je reviens à mon point de départ, et
je te dis : Ne faites pas pour Francette ce
que nous avons fait pour Georges...

— Ma pauvre Marraine... — fit la Tante
Lise chagrine — je suis désolée d'être venue
vous troubler en vous amenant Pierrot...

— Tu aurais tort d'être désolée, ma pe-
tite Lise, je suis très contente de l'avoir vu...
Il y a longtemps que j'avais envie de le voir...
Tu me le ramèneras...

— Je n'en aurai plus beaucoup le temps...
il va aller à la rentrée au lycée de Nancy...

— De Nancy !... Et Francette ?...

— Francette ne sait rien encore... Oh !...
elle aura un gros chagrin... Et nous, nous
n'aurons pas d'agrément, parce que Pierrot
avait absolument changé son caractère...
Elle est devenue, depuis son règne, facile,
équilibrée, obéissante... ou presque... Elle
n'est plus nerveuse... Sans compter qu'il lui
sert d'institutrice, et que sa terrible paresse
a disparu comme le reste...

— Et tu penses qu'elle va revenir... et le reste aussi ?....

— Je le crains !... Nous allons vous dire adieu, Marraine !...

Assise à une petite table dans le salon, Francette goûtait seule.

— Où donc est Pierrot ?... — demanda madame de Mussy — il ne goûte pas ?...

— Il a pris une pêche... — dit la petite, — et puis il est allé voir les chevaux...

— Comment, voir les chevaux ?...

— Y m'a dit qu'c'est ça qui fallait dire si on d'mandait qué'qu'chose, mais c'est pas pour ça qu'il est parti...

— Pourquoi est-il parti ?...

— Pac'qu'y croit qu'madame d'Aigue-vive aime mieux pas l'voir, qu'il a dit... Alors y va nous attendre à cheval dans l'avenue...

— Mais il est étonnant, cet enfant !... — s'écria la marquise, émue de la délicatesse de Pierrot.

— Étonnant !... — répéta la Tante Lise.

Alors, Francette, la tête inclinée, balayant

de ses boucles le sucre de son assiette, l'œil
en coulisse et le sourire câlin, déclara convaincue :

— Y a pas son pareil, à mon ami Pierrot !...

VI

Quand Pierrot partit pour Nancy, Francette eut un grand chagrin, mais un chagrin sans larmes, sans colère.

Le petit, peu à peu, l'avait habituée à cette idée qu'il lui fallait absolument aller au lycée pour être officier.

Elle fut, après son départ, aussi gaie, aussi gentille que quand il était là, mais, visiblement, elle se mit à vivre uniquement dans l'attente du jour où elle le reverrait.

Au premier janvier et à Pâques il vint passer quelques jours à Arboise. Et Francette pria si fort l'abbé Sylvain de le laisser déjeuner et dîner au château que l'excellent homme consentit à se priver pour elle de son cher Pierrot.

Elle avait une façon si suppliante et si câline de lui dire :

— J'vous en prie, monsieur l'Curé, donnez-le-moi ?... — qu'il finissait toujours par le lui donner à regret et pourtant de bon cœur.

Aux vacances, le retour de Pierrot fut triomphal. Il eut tous les prix qu'on peut avoir et il avait tellement grandi qu'il dépassait à présent le duc.

Cinq années s'écoulèrent toutes pareilles. Un seul incident en rompit la monotonie. Francette exigea si nettement, si formellement, que son ami Pierrot assistât à sa première communion, qu'il fallut absolument que le duc allât à Nancy pour obtenir du proviseur une permission d'un jour pour le jeune homme. Jugeant peu diplomatique de parler de la première communion, il dit que sa petite-fille, souffrante, désirait voir son camarade d'enfance. On viendrait le chercher et on le reconduirait en auto à Nancy.

Francette, jolie comme un amour, recueillie et calme, ne témoigna pas une joie exubé-

rante en apercevant, à l'instant où elle arrivait à l'église, son ami Pierrot qui descendait
de l'auto, mais son visage rosé pâlit.

Pierrot, lui, regardait stupéfait sa petite
amie qui lui apparaissait sous un jour tout
nouveau.

Très grande à douze ans, Françoise dépassait de la tête les cinq filles et les trois gar-
çons qui formaient le groupe des premiers
communiants d'Arboise. Elle paraissait si
longue dans sa robe blanche, son visage,
strictement encadré d'une guimpe blanche,
était si grave et si beau que le jeune homme
demeurait intimidé devant cette Francette
inconnue.

— Qu'alle est belle !... — disaient les
bonnes femmes d'Arboise émerveillées —
alle a l'air d'un' mariée !...

Pierrot, lui, trouvait qu'elle avait plutôt
l'air d'une religieuse. Mais, quel que fût son
air, c'était presque une femme, au lieu de la
gosse rieuse, aux jupes courtes et aux boucles
indomptées, qu'il avait quittée six mois auparavant.

Au déjeuner, auquel assista l'abbé Sylvain, la petite d'Arboise reprit sa physionomie rieuse, mais sans toutefois enlever sa
guimpe et son voile, le voile de mousseline
très souple, qui rappelait exactement les
voiles de laine des religieuses.

— C'est extraordinaire !... — disait le
duc qui la regardait avec étonnement — les
autres petites filles n'avaient pas du tout le
même aspect que Francette... Elle, on ne dirait pas que c'est une première commu-
niante, mais bien plutôt une religieuse...

— C'est très bien comme ça, monsieur le
duc !... — affirma le prêtre qui regardait affectueusement sa petite paroissienne, — ça
ne peut pas être mieux !...

— Ça n'est pas que je trouve que ça lui
aille mal... — reprit le duc qui, au fond, s'é-
tonnait de constater que sa petite-fille était
très belle — au contraire, elle n'a jamais
été aussi bien qu'aujourd'hui...

Francette, qui servait le café avec la Tante
Lise, s'élança d'une glissade vers la glace
de la cheminée :

— Tant mieux !... — fit-elle en se regardant avec satisfaction — tant mieux, parce que si jamais je me fais religieuse, je serai au moins sûre de ne pas être trop laide.... et c'est toujours ça !...

— Je ne te vois pas beaucoup te faisant religieuse, mon petit !... — dit madame de Massy en riant.

— C'est pourtant ça que je ferais si ma vie ne marchait pas comme je veux !... — répondit Francette devenue sérieuse tout à coup.

En entendant l'exclamation de stupeur désolée de ses grands-parents, elle comprit vaguement la secousse que leur infligeait cette menace, et elle reprit d'un air aimable et d'un ton rassurant :

— Oh ! mais... seulement quand vous seriez tous morts !...

— Cette perspective est charmante !... — murmura la duchesse à moitié fâchée.

Mais déjà la petite reprenait, suivant son idée :

— Y a qu'mon ami Pierrot qui ne dit rien

d'ma tête !... Est-ce que tu me trouves vilaine, dis, vieux Pierrot ?...

Et comme, gêné sans savoir pourquoi, il restait un instant sans parler, elle bondit vers lui, sauta à son cou, et le secoua en disant :

— Mais réponds, voyons, réponds n'importe quoi ?... Si tu m'trouves laide, t'as pas besoin d'guirlandes pour me l'dire...

Pierrot, qui avait posé précipitamment sa tasse de café sur une table pour la sauver du renversement certain, murmura très troublé :

— Mais je te trouve très bien, petite Francette... très gentille... très...

— Ça va être l'heure des vêpres, Francette !... — dit l'abbé Sylvain qui s'apercevait de la gêne de Pierrot — il faut vous préparer...

— Vous !.... — s'écria impétueusement la petite. — Depuis quand c'est qu' vous me vouvoyez, monsieur le Curé ?...

— Depuis... en vérité, je n'en sais rien !..
— balbutia le prêtre — tu me parais

tout à coup si grande, si... que je vous...

— Encore !... Faudrait voir à pas recommencer ça !...

Elle riait, rajustant son voile devant la glace.. Et, reculant pour juger de l'effet, elle s'écria :

— C'est vrai qu'il est très bien, notre arrangement, Tante Lise !...

Et se tournant vers ses grands-parents, l'abbé Sylvain et Pierrot, elle expliqua :

— Car c'est nous deux la Tante Lise qui avons trouvé ce machin-là !... C'est vrai !... j'ai des cheveux qui ondulent et qui bouclent.... On ne peut pas leur donner l'air sage !... y a pas mèche !... Alors la Tante Lise rageait, elle avait beau essayer des coiffures, et m'brosser, et j'te brosse, et m'faire du mal... car elle me faisait du mal !...

— Tu exagères !... — fit madame de Mussy qui riait.

— Pas beaucoup, qu'j'exagère !... Si vous croyez qu'vous m'tiriez pas sur les tiffes ?...

— Les quoi ?... — demanda l'abbé Sylvain qui n'avait pas compris.

— Les tiffes !...

Et comme le prêtre la regardait, ahuri,
elle dit surprise :

—— Mais c'est les cheveux, monsieur l'
Curé... Voyons ?... Comment, vous savez
pas ça ?...

— Je manque évidemment à tous mes devoirs, mais je l'ignorais absolument... — dit
l'abbé amusé — Et alors ?...

— Alors donc, la Tante Lise était en
rogne de pas pouvoir en sortir, de sa coif-
fure !... On peut rien faire, tu as des cheveux
fous... qu'elle répétait tout le temps... tu auras des mèches qui r'viendront sur le front,
qui s'envoleront dans toutes les directions...
Alors j'ai dit... C'est vrai qu'c'est pas l'plan
d'être coiffée en feu d'cheminée c'jour-là...
faudrait trouver quéqu'chose... un bonnet
qui descendrait bien bas sur le front... Y a
pas d'bonnet qui tienne... — grognait toujours la Tante Lise... faudrait une guimpe
de religieuse pour tenir tout ça...

— Ben, pourquoi pas, j'ai dit... Et voilà
comment ça est venu... T'as l'air abruti,

vieux Pierrot !... Qu'est-ce que tu as ?...

Elle regardait en riant son ami Pierrot qui l'écoutait d'un air heureux et inquiet à la fois.

Maintenant, il retrouvait un peu de la gamine accoutumée. Si son physique s'était affiné et embelli au point de la rendre méconnaissable, son langage pittoresque, décousu, touffu et coloré, demeurait immuablement pareil.

Francette n'attendit pas la réponse à son interpellation. Elle s'en fut vers le curé et lui dit, câline :

— A tout à l'heure après le salut, monsieur le Curé !... Et vous dînez avec Pierrot... Dites pas non... vous seriez obligé de dire oui après... On dîne à sept heures pour qu'on puisse reconduire Pierrot au lycée pour neuf heures... Grand-père l'a bien promis... Alors, c'est sacré...

Lorsque l'abbé Sylvain et son élève arrivèrent au château, Francette vint au-devant d'eux en courant dans l'avenue. Elle avait enlevé son voile et la guimpe qui emprison-

nait ses cheveux. Mais elle avait gardé sa
longue robe blanche, et elle courait sans paraître aucunement gênée, tandis que dansaient autour de sa tête les grosses boucles
cuivrées de ses cheveux fins et lourds.

— Ce qu'elle est jolie !... — murmura le
jeune homme enthousiasmé.

L'abbé Sylvain répondit comme à regret :

— Étonnamment jolie, oui !...

Le pauvre homme apercevait pour la première fois avec netteté des choses qui souvent avaient effleuré son esprit. Comme les
années passaient vite !... Ce qui arrivait aujourd'hui, il s'était dit, parfois, que cela
pouvait arriver, mais il entrevoyait cette
possibilité comme lointaine et voilà qu'aujourd'hui la réalité se dressait, le forçant à
ouvrir les yeux. Il se reprochait sa veulerie,
son manque de ressort. Est-ce qu'il n'aurait
pas dû prévoir et empêcher tout ce qui pouvait être facilement évité ? Il connaissait la
vie, pourtant. Il avait vécu, avant d'être
prêtre, la vie mondaine la plus tumultueuse,
et cahotée, et douloureuse qui se pût imagi-

ner. A quoi bon les dures leçons que lui avait
données cette vie, puisqu'il ne savait même
pas faire du bonheur pour ceux qu'il aimait.

Et tandis qu'il songeait, Francette secouait Pierrot :

— Mais dégèle-toi donc, voyons, vieux
Pierrot !... Tu as l'air sinistre !... J'veux
qu'aujourd'hui tout l'monde soit gai...

A table, elle continua à le tourmenter.

— Pierrot !... à quoi penses-tu ?... — fai-
sait-elle en frappant brusquement un grand
coup à côté de lui sur la table — tu voyages...
et tu voyages sans nous !... C'est pas poli, tu
sais, vieux !...

— Francette... — balbutiait le pauvre
Pierrot effaré — tu sais très bien que je ne...
voyage pas du tout, pour parler comme toi...
que...

Le duc demanda :

— Ça va-t-il comme tu veux, tes études ?...

— Oui, monsieur le Duc... je suis admis-
sible à Saint-Cyr...

— Ah ! bah !... — fit le vieillard étonné

— déjà !... Alors tu vas être officier dans
deux ans...

— Mais oui... si j'entre à l'école à
l'automne... et j'espère bien que j'y
entrerai...

— C'est très bien, ça, mon petit !... C'est
inouï comme le temps file !... Je te vois encore allant chercher dans la Moselle, au ris-
que de te noyer vingt fois, cette saleté de
jouet...

— Une saleté de jouet !... Marie qui se
noyait !... — fit Francette indignée.

Elle penchait la tête, câline, ses yeux
riaient derrière leurs cils frisés. Et Pierrot
la revoyait, si petite dans la grande calèche
d'où elle voulait sauter à l'eau pour repêcher
elle-même l'affreuse poupée japonaise, qui
disparaissait et reparaissait dans les remous
clairs et glacés.

— Tu étais joliment volontaire dans ce
temps-là !... — dit-il en regardant la petite
d'Arboise d'un air qu'il s'efforçait de
rendre naturel — ce que tu voulais, tu le
voulais bien...

Elle répondit, paisible :

— Maintenant aussi !... je suis toute pareille !... Ainsi, tiens ! le jour où grand'mère est allée te chercher chez monsieur le Curé, ben, si elle t'avait pas ramené, je serais morte...,

— Que ça !... — fit le jeune homme en riant..

— Ris pas !... — affirma la petite sérieuse — j'm'serais laissée mourir de faim !... Oh !... j'étais bien décidée, va !... j'l'avais même dit à la Tante Lise, ainsi... Est-ce vrai, tante Lise ?

— C'est vrai, mon petit !...

— Et cette fois-ci... — reprit Francette, — je ne voulais pas faire ma première communion sans qu'tu sois là... et si tu n'étais pas venu, ben, je l'aurais pas faite !...

— C'est très mal de parler ainsi, Francette... — dit le curé mécontent — un jour comme celui-ci surtout...

— Possible, monsieur le Curé, mais ça serait 'core bien plus mal de mentir... et si j'vous disais qu'j'aurais fait ma première

communion sans Pierrot, j'mentirais... Ah !
mais là, en plein !...

— Et comment expliquez-vous, ma petite
fille, cette...

— Vous avez encore dit vous... R'com-
mencez pas ou bien j' réponds rien...

— Comment expliques-tu... — répéta docilement le prêtre — cette idée saugrenue
de ne pas faire ta première communion sans
Pierrot ?...

— J' veux qu'y soit là chaque fois qu'il
m'arrive quelque chose d'heureux...

— Tu entends, Pierrot !... — dit le duc
en riant — quand Francette se mariera aie
bien soin d'obtenir une permission pour venir à son mariage, sans quoi, il ne se ferait
pas...

— Sûr !... — affirma la petite fille que
cette idée semblait réjouir extraordinairement — sûr, allez, Grand-père, que si Pierrot était pas là, mon mariage se ferait pas...
Ah ! non ! plutôt pas !...

Elle avait en affirmant cela une expression
si narquoise que la Tante Lise, machinale-

ment, la regarda... Et comme la petite insistait, demandant :

— Vous croyez pas, dites, Tante Lise ?...

Elle affirma convaincue :

— Si, mon petit, je crois !...

Francette, un instant, parut déconcertée par la netteté de l'affirmation, puis, après réflexion, elle conclut, avec un petit sourire complice :

— A la bonne heure !... Vous êtes plus maligne que tout l'monde, vous !...

Deux heures plus tard, dans l'auto qui les emmenait à Nancy, où l'abbé Sylvain avait voulu accompagner Pierrot, le prêtre concluait par ces mots une grave conversation qu'il venait d'avoir avec son élève :

— En somme, mon petit Pierre, aujourd'hui, qui a été le premier jour mémorable de sa vie, Francette n'a été uniquement préoccupée... le Bon Dieu excepté, bien entendu... que de toi... Et alors, tu comprends, mon bonhomme, ça m'inquiète... ça m'inquiète énormément...

VII

Pierrot entra à Saint-Cyr à l'automne. Et, au grand désappointement de Francette, il ne vint, ni au premier janvier, ni à Pâques, voir l'abbé Sylvain. Ce fut l'abbé qui alla passer à Paris quelques jours avec son ancien élève.

Alors, la petite fille se mit à vivre dans l'attente des vacances, subordonnant tous les projets au séjour de son ami Pierrot. Mais, à la fin d'août, une lettre arriva qui bouleversa absolument l'enfant.

« Ma petite Francette, — écrivait Pierrot — je ne vais pas avoir encore cet automne la joie de vous revoir tous. Je ne sais

pas assez l'allemand. Il faut que je le parle
aussi bien que le français, monsieur le Curé
y tient énormément et moi aussi. Alors il
m'envoie passer deux mois dans le Haut-Palatinat, chez un vieux savant, un ami à lui,
qui habite Ratisbonne. Quand je te reverrai,
ma petite Francette, tu seras si grande que
je ne te reconnaîtrai plus. Je pense beaucoup à Arboise, à vous tous, et je serai bien
heureux de vous revoir dans un an, quand
je sortirai de Saint-Cyr, car je crains bien de
ne pas pouvoir aller en Lorraine auparavant.
Je t'embrasse de tout mon cœur et je te
charge de mes affectueux respects pour le
duc et la duchesse d'Arboise et madame de
Mussy.

  « Ton vieux

      « PIERROT. »

 « Une bonne caresse sur la truffe de *La
Terreur Blanche*, qui doit commencer à
vieillir un peu... »

Cette lettre arriva un dimanche matin. La

duchesse n'avait pas eu le temps de voir avant le déjeuner le courrier arrivé pendant la messe. Lorsqu'elle voulut remettre à Francette la lettre de son ami Pierrot, la petite était déjà partie pour Aiguevive où elle passait habituellement l'après-midi du dimanche. Il y avait du monde à dîner. En revenant Francette courut s'habiller, et ce fut seulement quand elle entra dans le salon où les invités étaient réunis que sa grand' mère lui donna la lettre, en disant :

— Voilà une lettre de ton ami Pierrot qui va te chagriner un peu...

— Qu'est-ce qu'il y a ?... — fit la petite qui devint toute pâle — il lui est arrivé quelque chose ?...

— Mais non !... Es-tu bête ?... — dit vivement la Tante Lise plus clairvoyante que la duchesse — il ne lui est rien arrivé du tout puisqu'il t'écrit !...

— Alors quoi ?... — balbutia Francette en déchirant à moitié, dans sa fièvre de savoir plus vite, l'enveloppe ouverte déjà.

Prudemment, madame de Mussy intervint encore.

— Francette !... fais donc attention !... tu ne vas pas lire ta lettre ici, mon petit !...

— Oh !... pardon !... — fit la petite qui de pâle devint toute rouge — je ne pensais pas, je...

Et elle disparut en coup de vent.

— Il doit être bien charmant, cet ami Pierrot dont on parle toujours et qu'on ne voit jamais !... — dit d'une voix douce et en souriant narquoisement, une voisine, la baronne de Montmédy.

Elle n'eût peut-être pas été méchante si tout lui eût été facile. Mais trois fils, deux filles, et un mari stupide, pesaient lourdement sur sa vie hérissée de difficultés.

Très peu de fortune, énormément de morgue et de prétentions, un grand château à entretenir, un besoin de dominer, d'épater, et de donner le ton dans le pays, telle était madame de Montmédy. Depuis longtemps déjà, elle avait jeté, pour l'aîné de ses fils, son dévolu sur la petite d'Arboise.

Et en voyant tout à l'heure entrer Francette
si grande, si jeune fille déjà, dans la légère
robe rose qui effleurait le sol, elle s'était
étonnée de sentir si proche la possibilité de
réaliser son projet.

La réponse de madame de Mussy vint
troubler son rêve et lui faire regretter son
intempestive observation.

— Oui !... — répondait la Tante Lise
d'un ton coupant — Pierrot est effective-
ment très charmant... très... plus que je ne
puis vous le démontrer, car je ne peux trouver entre lui et les jeunes gens que l'on rencontre dans ce pays-ci aucun point de comparaison...

Et, mise à l'aise par l'absence de sa nièce,
elle continua de chanter avec enthousiasme
les louanges de Pierrot.

— Ce garçon... — expliqua-t-elle, tandis
que l'abbé Sylvain l'écoutait ravi — a non
seulement une extraordinaire intelligence et
un esprit délié, mais encore il est doué mer-
veilleusement pour tous les arts... Son physique, je ne vous en parle pas... Vous et vos

fils, vous l'avez rencontré souvent à cheval avec moi, n'est-ce pas, madame ?...

— Oui... je crois.... — balbutia la baronne vexée — mais je n'ai pas, je vous l'avoue, cherché à vous aborder ces jours-là... Il est toujours inutile d'ébaucher des relations qui ne doivent pas se continuer...

— Et Pierrot est aussi bon qu'il est beau... — reprit la Tante Lise sans paraître apercevoir l'insinuation de madame de Montmédy — il a toutes les qualités des êtres forts et bien équilibrés... Il ignore la rosserie, il est droit, sincère et, ce que j'apprécie par-dessus tout, il est simple...

— En effet... — dit la baronne d'un ton pointu — on sent que vous devez aimer la simplicité, chère madame... mais c'est une qualité qui n'est pas très... rare...

La Tante Lise comprit que ce nouveau trait visait ses façons bon enfant et son absence de pose. Alors elle répondit :

— Très rare... je ne sais pas... mais, dans tous les cas, c'est une qualité aristocra-

tique... elle n'est pas à la portée de tout le
monde...

— Alors... — grommela madame de
Montmédy d'une voix que l'énervement en-
1ouait — il est surprenant qu'elle soit à la
portée de monsieur... Pierrot ?... Je dis
Pierrot, parce que j'ignore son véritable
nom...

L'abbé Sylvain répondit :

— Pierrot s'appelle Pierre Thouvenin...

— Eh bien, il n'y a nulle raison pour que
monsieur Pierre Thouvenin possède cette
qualité que vous déclarez éminemment aris-
tocratique, chère madame...

— Pourquoi donc ?... — fit avec bonne
humeur la Tante Lise qui, à mesure que la
baronne s'aigrissait, devenait plus souriante
— on peut, sans être né aristocrate, avoir des
sentiments et des qualités qui le soient, alors
que, l'étant né, on peut également n'avoir
aucune de ces qualités ni de ces sentiments...
C'est si vrai que..

Un coup d'œil anxieux de la duchesse
coupa l'explication de madame de Mussy.

Non seulement elle ne voulait pas contrarier
sa mère, mais encore elle plaignait un peu
madame de Montmédy et devait, pour cela,
supporter beaucoup d'elle. Mais, arrêtée à
l'instant où elle reprenait son élan, elle
n'osa pas rester en l'air au milieu de sa
phrase, et acheva malgré elle :

— Ah ! et puis zut !...

Madame de Montmédy accueillit cette réponse par un sourire qui voulait être sar-
donique. Alors la Tante Lise dit encore :

— Ne croyez pas que je prenne ma façon
de parler pour de la simplicité... c'est tout
bonnement de la mauvaise édu...

Cette fois elle fut coupée au milieu de
son mot. Francette, rentrée en bombe, avait
sauté sur les genoux de sa tante et, les bras
noués à son cou, roulait sa tête sur son
épaule en lui murmurant à l'oreille :

— Je vous adore, Tante Lise... je vous
adore !...

— La petite mâtine !... — pensa madame
de Mussy terrifiée — elle était dans le salon
jaune... elle n'a pas perdu un mot de ce que

j'ai dit de Pierrot... d'où cette explosion de tendresse...

Puis elle chercha à repousser Francette qui se cramponnait :

— Mais, finis donc, tu m'étouffes !...

— J'vous étouffe pas du tout !... — affirma Françoise en se relevant — j'vous agace... tout au plus...

Elle traversa le salon, se dirigeant vers le curé, lorsque madame de Montmédy demanda tout à coup :

— Quel âge avez-vous donc, Francette ?...

— Treize ans et demi, madame !...

— Seulement !... — bafouilla la baronne déçue, Oh !... vous avez l'air d'en avoir dix-huit...

— Elle a une si belle taille !... — fit M. de Montmédy, la voix pâteuse et l'œil allumé.

— Elle est plus grande que moi, je parie !... — avoua, à regret, Gaston, l'aîné des Montmédy, qui avait l'élégance d'un tas.

— Ça m' fait pas pour ça bien immense !...

— déclara la petite, en glissant vers le jeune homme un regard peu bienveillant.

De nouveau elle courait vers l'abbé Sylvain, lorsque le maître d'hôtel annonça :

— Madame la Duchesse est servie...

Le prêtre redressa d'un jet sa haute silhouette, heureux d'échapper à l'interrogatoire qu'il prévoyait. Mais Francette, qui devina sa pensée, lui dit en souriant :

— Vous réjouissez pas tant, allez, monsieur l'Curé !... Vous y couperez pas tout d'même...

Après le dîner, pendant lequel elle avait été gentille autant qu'il fallait pour ses voisins, — les deux Montmédy, — et lorsqu'elle eut fini de trotter comme un petit chien derrière la Tante Lise qui servait le café, la petite d'Arboise bondit sur la terrasse.

Elle savait à n'en pas douter que l'abbé Sylvain, qui étouffait toujours dans les appartements, était allé prendre ce qu'il appelait un « bain de fraîcheur ».

Elle découvrit tout de suite la longue

8

silhouette du prêtre qui se découpait dans la nuit. L'abbé avait posé sa tasse sur la balustrade de marbre et sirotait paisiblement son café.

— Me v'là, monsieur l'Curé !... — annonça délibérément la petite — j' vous l'avais dit qu' vous y couperiez pas...

Il allait répondre, mais elle ne lui en laissa pas le temps. Tout de suite elle interrogea :

— Vous l'avez vue, dites, la bête de lettre de Pierrot ?...

— Mais... je... non... — balbutia le prêtre un peu interloqué de ce début.

— Non... ben, vous avez rien perdu... l'est idiote, vous savez, sa lettre...

— Mais, ma petite fille...

— Y a pas de « ma petite fille »... Si vous avez pas vu la lettre, vous savez tout d'même ce qu'il y a dedans, pas, monsieur l'Curé ?...

— Mon Dieu... je...

— Mêlons pas l'Bon Dieu à ça... pac'que c'est pas assez net...

— Mais...

— Puisque vous tenez à faire celui qui sait rien, monsieur l'Curé, ben, j'vais vous mettre au courant... Pierrot m'écrit qu'il ne viendra pas aux vacances à Arboise, pas plus qu'l'année prochaine...

— En effet, je l'envoie...

— Chez un vieux savant, dans l'Haut-Palatinat, qu'est votre ami... Oui, c't'entendu... aussi j'veux pas discuter ça !... C'est décidé, ben, c'est décidé... N'en parlons plus !...

— Ah !... à la bonne heure !...

— Pierrot... pour une raison que... enfin, je m'comprends... Pierrot ne viendra pas à Arboise cette année, ni l'autre... jusqu'à ce qu'il soit officier...

— Oui...

— Bon !... j'attendrai... Oh ! j'ai de la patience sans avoir l'air, allez, monsieur l'Curé !... J'en ai beaucoup !... Donc j'attendrai, sans grogner, que Pierrot soit officier... Mais si, à ce moment-là, il ne se dépêche pas d'abouler ici, si on cherche encore

des prétextes, si on continue à tripoter et à
mentir...

— Comment... comment, à mentir ?...
Qui est-ce qui ment ?...

— Pierrot... et puis vous, monsieur
l'Curé... Oui, vous !... Même que c'est joliment vilain pour un prêtre !...

— En vérité, ma petite enfant, tu perds
la mesure...

— Ça, c'est bien possible, monsieur
l'Curé, et j'vous en d'mande pardon... Mais
c'est qu'aussi j'ai trop d'chagrin, d'comprendre qu'tout ça, c'est pour me séparer
d'Pierrot !... pour faire que j'l'oublie...
Que j'l'oublie !... Mais r'gardez donc dans
mon œil, monsieur l'Curé... Oui... C'est
une manière de parler, pac'que j'sais bien
qu'y fait nuit et qu'vous pouvez rien
voir...

— Ah !... — fit le pauvre homme sou-
lagé — je te retrouve !... Voilà que tu
« blagues »... pour parler comme toi !....

— Je blague !... Non !... je la trouve sau-
mâtre celle-là !... Je blague !... Donnez un

peu vot'main pour voir comme c'est que j'blague !...

D'un mouvement presque brutal, elle s'empara de la main du prêtre et la frotta violemment contre son visage couvert de larmes.

— Ma petite enfant !... — murmura l'abbé Sylvain très ému — ma pauvre petite... je ne croyais pas... je...

— Oh !... j'sais bien qu'vous êtes pas méchant !... et Pierrot non plus, l'est pas méchant !... Mais ça vous empêche pas tous les deux d'faire des méchancetés, et pire, des gaffes... Car c'que vous gaffez en vous y prenant comme ça avec moi... c'est rien de l'dire !...

Le prêtre voulait protester, elle l'interrompit :

— Oui, vous gaffez, car en cherchant à m'éloigner d'Pierrot, vous m'donnez cent fois plus envie de l'voir !... Ah ! oui, c'est pour rien qu'vous avez maquignonné tout ça vous deux, allez !... Écoutez-moi bien, monsieur l'Curé, pac'que, c'que j'vais vous dire,

ben, ça sera dit... Je l'répéterai plus... plus
jamais !...

— Qu'est-ce que tu vas me dire ?...

— J'ai une grande, grande affection pour
Grand-père, Grand'mère, et la Tante Lise...
et aussi Tante Marie, et aussi vous, monsieur l'Curé, et encore monsieur et madame
d'Aiguevive qui sont si bons pour moi...
Mais plus que tout ça, j'aime Pierrot... et,
là-dessus, j'ai arrangé toute ma vie... Alors
y m'faut Pierrot, vous entendez bien, y
m'le faut... Et j'l'aurai, que les aut's le
veuillent ou pas... Y a pas d'volonté qui
puisse m'empêcher d'l'avoir...

— Tu oublies la volonté de Dieu, ma petite Francette ?...

— Non, j'l'oublie pas... — affirma l'enfant avec énergie — mais si Dieu n'voulait
pas qu'j'aime Pierrot, il aurait pas permis
que je l'rencontre... et que je l'rencontre
chez vous, surtout, monsieur l'Curé !... Ça
n'aurait pas été à faire !...

Et comme le prêtre riait malgré lui, elle
conclut, heureuse d'avoir, croyait-elle, dé-

montré péremptoirement la vérité à son vieil ami :

— Hein ! ça vous colle sous bande, ça, monsieur l'Curé ?...

— Ça ne me colle pas du tout... — commença le prêtre qui se reprit aussitôt et corrigea, d'un ton qu'il s'efforçait de rendre sévère — ça ne me convainc pas du tout, ma chère petite, et je suis peiné, très peiné de... de la violence avec laquelle tu t'exprimes... je...

Mais Francette l'arrêta :

— Si j'vous ai fâché, j'vous demande pardon, monsieur le Curé, beaucoup pardon... et de tout mon cœur... mais fallait que j'vous dise tout ça... J'aurais pu vous l'dire en m'confessant, mais j'm'en serais bien gardée, parce que vous étiez obligé d'pas en parler et même d'l'oublier, et que j'veux qu'vous l'racontiez... à ceux qui doivent le savoir...

— Je ne raconterai rien...

— Vous aurez tort, monsieur l'Curé !... ça vaudrait mieux !... Mais suffit qu'vous re-

teniez bien c'que j'vous ai dit... Si, l'année
prochaine, Pierrot n'vient pas ici avant
d'aller dans son régiment, ben...

Comme elle s'arrêtait, le prêtre demanda
machinalement :

— Ben quoi ?...

— Ben, y aura du pétard !... — cria
Francette en s'envolant dans la nuit.

VIII

— Alors, tu n'es pas étonnée de voir ce grand diable de dragon, Francette ?...

— Non, Grand-père, pas étonnée du tout !...

Le duc d'Arboise regardait affectueusement Pierrot qui souriait, plus ému qu'il ne voulait le paraître.

— As-tu vu ces dames, mon petit ?...

— J'ai vu madame de Mussy seulement... Je n'ai pas osé déranger madame la Duchesse !...

— Va dire à Grand'mère que Pierrot est là, Francette !... D'ailleurs, tu dînes avec nous, mon garçon ?...

— Je vous remercie mille fois... mais je ne peux pas... monsieur l'Curé m'attend...

— Eh bien, mais il viendra dîner lui aussi... C'est entendu... Je vais aller le chercher... et prévenir ma femme que tu es là...

A peine le duc fut-il sorti du salon que Francette vint se camper devant son ami Pierrot, qui était visiblement mal à l'aise.

— Veux-tu m'expliquer pourquoi tu n'es pas venu ici depuis deux ans ?...

— Ça m'a été impossible, ma petite Francette...

— Parce que ?...

— Parce que, en janvier, j'avais trop peu de temps... à Pâques aussi... Ça ne valait pas la peine de faire la dépense d'un voyage aussi long...

— Oh ! la dépense !... à quart de place !... Enfin !... J'veux bien !... mais aux vacances ?

— Aux vacances, je suis allé...

— Parfaitement !... le Haut Palatinat, le vieux savant ami d'monsieur l'Curé, et cætera pantoufle !... Menteur, va !...

— Mais, Francette !...

— Tais-toi, méchant !... Tu n'es pas venu
parce que, avec monsieur l'Curé, vous aviez
comploté vous deux de m'déshabituer
d'toi... Est-ce vrai ?...

— Mais...

— Oh !... ne recommence pas à mentir !...

— Vraiment !... — dit le jeune homme en
s'efforçant de sourire — tu traites bien mal
ton vieil ami Pierrot, ma petite Francette !...

— Blague pas !... Tu sais pas comme c'est
sérieux...

— Qu'est-ce qui est sérieux ?... Toi ?...

— Oui, moi !... Et puis aussi c'que j'vais
t'dire...

— Ah !... — demanda encore le jeune
homme dont le cœur battait coups pressés
— qu'est-ce que tu vas me dire ?... Je suis
curieux de le savoir ?...

— Pas si curieux qu'ça !... parc'que tu
le sais... et qu'ça t'embête...

— Mais...

— Ah !... T'es plus si pressé, dis !... Enfin
faut que tu l'avales, le noyau, y a pas !...
Pierrot, j'ai pas encore quinze ans tout à

fait... mais j'sais très bien c'que j'veux, et
je l'veux solidement, tu sais !...

— Et alors ?...

— Et alors, si j'tenais tant à t'voir,
c'était pour te dire que quand j'aurai dix-
huit ans... dans trois ans et trois mois...

— Qu'est-ce que tu feras ?...

— Ben, j't'épouserai !...

— Ma petite Francette !... — murmura
Pierrot en s'efforçant de prendre un ton
plaisant — tu dis des bêtises !...

— Je dis c'qui est... ou plutôt c'qui sera...

— Mais c'est fou !...

— Dis tout d'suite que tu n'veux pas
m'épouser !...

— Mais certainement, je le dis !...

— Et pourquoi ?... pac'que tu n'm'aimes
pas ?...

— Mais si, je t'aime... mais pas pour
t'épouser... Je t'aime... comme si... comme
si tu étais ma sœur... Comprends-tu ?...

— ...Faitement... mais ça n'empêche
rien...

— Comment, ça n'empêche rien ?...

— Rien du tout !... puisque tu ne l'es pas...

— Je ne suis pas quoi ?...

— Ben, mon frère...

— Est-ce que... — demanda le pauvre Pierrot dont la voix tremblait de peur, — tu as fait part à... à quelqu'un de tes beaux projets ?...

— Mais oui... à la Tante Lise...

— Ah !... Et qu'est-ce qu'elle a dit ?...

— Elle a dit que ça n'irait pas tout seul...

— Ah ! non !... plutôt pas !... Mais, ma pauvre petite Francette, tu divagues !... Tiens !... à ton tour, écoute-moi bien, veux-tu, car je vais te parler sérieusement, moi aussi ?...

— J't'écoute !...

— Même si je... si je t'aimais... je ne t'épouserais pas, Francette... parce que je ne suis pas de ton monde, que je n'ai pas un sou vaillant, que je suis un enfant ramassé par charité et accueilli par tes parents avec une bonté sans égale, et que je serais une canaille si j'abusais de leur hospitalité...

— Tu as fini ?...

— Mais... oui... — balbutia Pierrot interloqué.

— Alors, moi, je te réponds que tu es
l'égal de n'importe qui puisque tu es un officier français, que je suis riche pour deux, et
que tu n'abuses de rien du tout en ce qui
concerne Grand-père et Grand'mère, attendu
qu'c'est pas toi qui veux épouser leur petite-
fille, mais leur petite-fille qui veut t'épouser...

— Mais, ma petite Francette...

— Attends ! on va venir et j'ai pas
fini...

— Pas fini ?... Qu'est-ce qu'il y a encore,
Seigneur ?...

— Il y a que j'veux qu'tu saches bien que
si tu me repousses, tu causeras à Grand-père
et à Grand'mère un bien plus gros chagrin,
attendu que je m'ferai religieuse...

— Eh bien, mais...

— Eh bien, mais, si tu crois que ça leur
paraîtra rigolo, tu te fourres le doigt dans
l'œil jusqu'au coude, mon vieux Pierrot...

Tiens, voilà Grand'mère... Veux-tu que je lui demande pour voir ?...

— Francette !... je t'en supplie ?...

— T'évanouis pas, mon pauv' vieux !... J'veux pas lui parler d'ça d'avance... C'est pas la peine, puisque, d'ici à trois ans, on dirait que j'suis trop jeune pour me marier... D'ailleurs, du moment où la Tante Lise est au courant, c'est plus qu'il ne faut...

— Beaucoup plus !... — balbutia le jeune homme effaré — beaucoup plus...

— Mon petit Pierrot !... — dit la duchesse en le faisant tourner devant elle — laisse-moi bien te regarder !... Tu es magnifique en uniforme, mon bonhomme !... Que tu ès grand !... Quelle taille as-tu ?...

— Un mètre quatre-vingt-six, madame la Duchesse...

— Moi, j'ai qu'un mètre soixante-huit !... déclara Francette modestement.

— Où vas-tu être en garnison ?... — demanda madame d'Arboise.

— A Lyon...

— C'est bien loin de nous !... Vraiment,

je ne me lasse pas de te regarder, mon
petit !... Quand je pense au temps où tu étais
une petite grenouille plongeant dans la Moselle pour rattraper la poupée de Francette...
il me semble que c'est hier !...

— A moi, ça me semble très loin !... —
dit Francette.

— On dirait que tu regrettes ce temps-
là ?... — demanda la duchesse étonnée.

La petite répondit, sincère :

— Mais oui, Grand'mère, je l'regrette !...
Je l'regrette énormément !...

— Comme c'est singulier... — fit la vieille
dame — tu n'es pas encore à l'âge où l'on
regrette... Qu'est-ce que tu peux regretter ?...

— Mais d'abord, mon ami Pierrot que
j'avais pour moi toute seule dans ce temps-
là !...

Mon Dieu !... — pensait le pauvre Pierrot
tout tremblant — pourvu que la duchesse ne
se doute de rien !... Heureusement, c'est
tellement invraisemblable qu'elle ne pourra
pas se douter... Non... elle ne pourra pas !...

Moi, je n'existe pas, mondainement parlant... et sa petite-fille lui fait encore l'effet
d'une gosse...

— Ma fille Mussy va être contente de te
voir en officier, Pierrot !... — dit la duchesse
— d'abord parce que ton uniforme te va très
bien, ensuite parce que c'est un uniforme et
qu'elle est restée militaire dans l'âme...

— J'ai vu déjà Pierrot... — dit madame
de Mussy qui entrait avec son père et le curé,
nous avons fait un bout de chemin ensemble... quand je revenais d'Aiguevive...

— Eh bien ?...

— Eh bien, il y a des nouvelles... Les
corps de Georges et de sa femme sont à Mar-
seille... Dans deux jours ils arriveront à
Nancy... Et, à propos ?... Tu es ici pour
quelques jours, Pierrot ?...

— Pour trois semaines au moins !... —
dit l'abbé Sylvain tout joyeux.

— Eh bien, mon pauv' bonhomme, il va
falloir que tu me rendes un service... un
service pas bien agréable...

— Je suis à vos ordres... trop content si

je peux vous être bon à quelque chose !... — affirma le jeune homme.

— Voilà... — commença madame de Mussy, s'adressant plutôt à ses parents et au curé qu'à Pierrot — ma pauvre Marraine a une horrible peur que ce ne soient pas les corps de Georges et de sa femme qu'on lui renvoie... et elle veut absolument que l'on s'assure de leur identité... Ils ont été embaumés, comme ça se fait toujours là-bas, paraît-il... Les quelques amis européens qu'ils avaient, ont fait accomplir cette formalité habituelle... On peut donc vérifier, ainsi que le désire Marraine... et alors... alors elle m'a demandé de lui rendre ce service... plutôt pénible...

— Oh ! — fit la duchesse terrifiée.. — tu as accepté ?...

— Dame !... je ne pouvais pas lui refuser ça... Seulement je ne serai pas fâchée d'avoir quelqu'un avec moi... et si Pierrot veut m'accompagner...

— Certes !... — dit le jeune homme qui demanda :

— C'est le Georges dont j'avais soi-disant
la voix que nous allons chercher ?...

— Justement... — fit madame de Mussy
— tu as de la mémoire !...

Et comme la duchesse regardait interro-
gativement, elle expliqua :

— Figurez-vous, Maman, que Pierrot se
rappelle qu'à sa première visite à Aiguevive... il y a au moins huit ans... ma pauvre
Marraine, en l'entendant appeler Francette
qu'il surveillait et qui voulait se cacher dans
les fossés, a été bouleversée par sa voix qui lui
rappelait, croyait-elle, la voix de Georges...

— Elle m'a raconté ça, — dit le duc. —
C'est d'ailleurs cette espèce d'hallucination
qui lui a donné un ressaut d'énergie en lui
rappelant son fils d'une façon directe et for-
melle... C'est à partir de ce jour-là qu'Aiguevive s'est inquiété d'avoir des renseignements sur la mort de ces malheureux
enfants... et qu'il a remué ciel et terre pour
les ramener en France...

— Combien y a-t-il de temps qu'ils sont
morts ?... — demanda Pierrot.

— Il doit y avoir dix ou douze ans, ou peut-être davantage... je ne sais plus !... C'est si loin tout ça !... et si lugubre surtout !... Ces pauvres Aiguevive, quelle fin de vie !...

A la stupéfaction de tous, Francette laissa tomber d'une voix claire :

— C'est l'Bon Dieu qui les a punis !...

— Qu'est-ce que c'est ?... Qu'est-ce que tu racontes ?... — fit la duchesse ahurie...

— Je dis... — répéta la petite avec autorité — que les Aiguevive... que j'aime de tout mon cœur d'ailleurs... ont été très mal pour leur fils... Ils se sont entêtés, parce qu'il épousait une jeune fille qui lui plaisait plus qu'à eux, à ne pas vouloir reconnaître son mariage... C'est pas chic !...

Le duc demanda :

— Qui diable est-ce qui a pu te raconter tout ça ?...

— C'est Jeannette... qui aimait beaucoup monsieur Georges... Elle était sa sœur de lait...

Comme le duc avait un geste agacé, la petite reprit :

— Surtout, lui faites rien prendre pour son rhume, à Jeannette !... Si elle m'a dit tout ça, c'est que j'l'ai embêtée pour le savoir, pac'que j'remarquais bien qu'il y avait des secrets à Aiguevive et qu'les pauvres amis avaient vraiment pas l'air rigolos... Alors, un jour, à force d'l'avoir tarabustée, Jeannette a fini par me dire c'qu'elle savait...

— Il y a longtemps qu'elle t'a raconté cette histoire ?...

— Oh ! oui !... très longtemps !...

— Et tu ne nous en as jamais parlé ?...

— Pourquoi est-c'que j'vous en aurais parlé, Grand-Père ?...

— Mais parce que, en général, les femmes et surtout les petites filles, ne gardent pas pour elles ce qu'elles savent...

— Moi j'garde tout !... Ah !... ça m'fait penser qu'y faut pas que j'oublie d'vous faire une commission !... J'ai rencontré tout à l'heure monsieur Lamblin, l'notaire de Saint-Nicolas, et y m'a chargée d'vous dire

qu'nos cousins Boigny ont loué Senoncourt...

— Ah ! mon Dieu !... — murmura la duchesse — en voilà une tuile !...

— Une vraie !... — affirma la Tante Lise
convaincue.

Au nom de Boigny, Pierrot avait fait un
mouvement. Francette le regarda étonnée,
puis tout à coup, se souvenant :

— Tiens !... C'est vrai... c'est lui dont ta
mère te faisait peur quand tu étais petit !...

— Elle ne m'en faisait pas peur, elle en
avait bel et bien peur elle-même, ma pauvre
maman... A ce point, qu'après la mort de
papa, elle est partie pour ne plus le rencontrer dans la forêt... parce que, à ce moment-
là, je crois qu'il avait loué quelque chose du
côté de Ludre... mais je me souviens mal...
j'étais si petit...

— Comment allons-nous faire ?... — dit
la duchesse ennuyée — il va être tout le
temps fourré ici...

— Je ne le pense pas... — répondit madame de Mussy — vous savez bien que j'ai

eu avec lui, il y a six ou sept ans, un jour où
vous ne vouliez pas le recevoir, une explication plutôt désagréable... et qu'il n'est jamais revenu à Arboise... Je me demande
même ce qu'il vient faire de nouveau dans ce
pays où tout le monde lui est hostile...

— Partout, tout le monde lui est hostile !... — dit le duc — alors, ici ou là... Senoncourt a pour lui l'avantage de n'être pas
loin d'Aiguevive... De là il surveillera l'héritage...

— Oh !... — fit madame de Mussy —
croyez-vous qu'il n'y ait pas renoncé ?...

— Jamais !... Il sait que personne n'en
veut, de ce malheureux héritage !... D'autre
part, il sait également qu'on ne peut plus
faire, avec sécurité, les fondations religieuses
auxquelles les Aiguevive avaient un instant
songé... Il compte sur leur veulerie de gens
désemparés qui ne s'intéressent plus à rien,
sur leur mort subite, sur l'imprévu, enfin
sur n'importe quel accident qui le mettrait
en possession de la fortune dont il est le
seul héritier direct et incontesté...

— Je ne me souviens pas d'sa tête, au cousin Boigny !... — dit Francette — comment est-il ?...

— Ni bien ni mal... — répondit la Tante Lise.

Francette se tourna vers l'abbé Sylvain :

— Ça va être votre paroissien, monsieur l'Curé... Senoncourt dépend d'Arboise, n'est-ce pas ?....

— Oui, ma petite...

— Ou je me trompe fort — dit le duc — ou il n'encombrera pas beaucoup votre église, monsieur le Curé !...

Mais madame de Mussy protesta :

— Que si !... Si Adrien vient ici, c'est qu'il a une idée de derrière la tête, sûr !... Il est probable que, ne fût-ce que pour nous embêter, il se jettera dans nos jambes le plus souvent qu'il pourra...

— Ça va être une vie charmante !... — gronda le duc.

IX

Seul, en grande tenue, Pierrot suivait le fourgon des Pompes funèbres qui venait de s'arrêter à la porte de l'église dans le petit cimetière d'Aiguevive.

— Vous ne me reconnaissez pas... — dit-il au curé qui accourait tout ému — je suis le lieutenant Thouvenin... autrement dit Pierrot...

— Ah !... — fit le brave homme tout interloqué — ah ! certes non ! je ne vous aurais pas reconnu !... Et pourtant je parlais de vous hier avec l'abbé Sylvain que j'ai rencontré à l'évêché... Mais comment est-ce vous qu...

— Ah ! voilà !... Madame de Mussy, qui

9

m'avait demandé de l'accompagner, a été
tellement bouleversée de revoir, merveilleu-
sement conservé, paraît-il, son camarade
d'enfance, qu'elle n'a pas pu venir jusqu'ici... Elle m'a chargé de...

— Bon... bon !... Allez vite prévenir au
château !...

— Si vous y alliez, vous, monsieur le
Curé ?...

— Moi, mon enfant... ma place est ici...
il faut que je fasse transporter les cercueils
dans l'église...

Sans entrain, Pierrot se dirigea vers le
château. Sur un ciel orageux, Aiguevive
dressait, plus orgueilleusement que jamais,
ses dentelles de pierre. A un coude de l'avenue qui démasquait brusquement la magnifique demeure, le jeune homme s'arrêta surpris comme il l'avait été jadis.

— Où diable... — pensait-il, ai-je vu une
image... ou une aquarelle, ou un quelconque
tableau qui représentait ce château-là ?...

Lorsque le marquis d'Aiguevive et sa
femme entrèrent dans la longue galerie où

Pierrot les attendait, il fut frappé de la grandeur de leur allure et de la majesté de leur douleur. Aux pieds de ces deux grands vieillards qui tremblaient silencieusement devant lui, il eut envie de se mettre à genoux. Il se sentait étrangement troublé et hésitant.

Mais comme il avait dit au valet de pied qui le recevait d'annoncer qu'il était envoyé par la comtesse de Mussy, les pauvres parents savaient à quoi s'en tenir sur le but de sa visite.

— Est-ce que... — demanda enfin le marquis devinant l'embarras du jeune officier — il y a eu quelque accroc... quelque accident qui empêche madame de Mussy de venir ?...

— Non, monsieur, aucun accident... — commença Pierrot — mais madame de Mussy a été si fatiguée, et si bouleversée aussi... que...

Aux premiers mots du jeune homme, madame d'Aiguevive avait redressé brusquement la tête.

— Mais... — murmura-t-elle stupéfaite — c'est... c'est...

Elle s'arrêta un instant, le regardant de ses grands yeux clairs, et acheva en souriant presque :

— C'est mon ami Pierrot !...

— Comment !... — fit Pierrot abasourdi — vous me reconnaissez, madame ?...

— Je ne reconnais pas, dans un bel officier de dragons qui a six pieds, le petit garçon qui jouait avec Francette il y a dix ans... — dit-elle en enveloppant le jeune homme d'un affectueux regard — non certes, mais c'est votre voix que je reconnais... car elle me remue comme elle m'a remuée le premier jour où je vous ai vu...

Et se tournant vers son mari, étonné lui aussi de cette transformation inattendue du petit Pierrot, elle demanda :

— Est-ce que sa voix ne vous frappe pas, Pierre ?...

— Oui... peut-être.... — murmura le grand vieillard indécis — mais je suis sans doute suggestionné par tout ce que vous m'avez répété tant de fois...

— Vous disiez, quand je vous ai inter-

rompu... — reprit la marquise — que ma
pauvre filleule est malade ?...

— Un peu souffrante seulement... Nous
avons attendu... je dis nous, parce que madame de Mussy m'avait emmené avec elle...
très longtemps pour les formalités qui sont
plus compliquées qu'on ne peut l'imagi-
ner... Et puis, le... la constatation de l'identité a pris aussi du temps et...

Il hésitait, effaré au souvenir de tout ce
qu'il venait de voir, mais il aperçut l'air
anxieux des deux vieillards et il acheva, ra-
pide et affirmatif, pressé d'en finir avec cette
mission qui le secouait singulièrement :

— Et madame de Mussy me charge de
vous dire qu'il n'y a pas de doute possible...
Elle a formellement reconnu, non seulement
monsieur d'Aiguevive, mais aussi sa femme
qu'elle n'avait pourtant fait qu'entrevoir autrefois, m'a-t-elle dit... Selon les instruc-
tions de madame de Mussy, je viens d'accompagner les cercueils à l'église et de les
remettre au curé... et je vais maintenant, si
vous le permettez, prendre congé de vous...

Il inclinait sa haute taille devant les deux
vieillards. Le marquis vint à lui et lui prit
les deux mains :

— Que de remerciements nous vous de-
vons... — commença-t-il d'une voix étran-
glée. — Puis, brusquement, il s'en fut pour
ne pas pleurer devant cet étranger.

Sa femme le suivit d'un regard désolé et
dit à Pierrot, qui se sentait affreusement
énervé, lui aussi :

— Il n'y aura, au service, que les Arboise
et leurs filles et deux ou trois vieux amis...
Voulez-vous y assister ?... Mon pauvre fils
était dragon comme vous... et... et...

Elle attachait sur Pierrot des yeux où se
lisait une détresse infinie, et tout à coup,
plongeant son visage dans les coussins qui
l'entouraient, elle se mit à sangloter éperdument.

— Madame !... — murmura le jeune
homme décontenancé — Madame !... je vous
en prie...

Comme elle continuait de gémir sans l'entendre, il s'agenouilla devant elle et mur-

mura, affreusement ému, inconscient de ce qu'il disait :

— Madame, je vous en supplie... ne pleurez pas comme ça ?... Ça m'est horrible !... horrible !... je ferais n'importe quoi pour que vous n'ayez pas de chagrin...

Il pleurait lui aussi, bouleversé de cette douleur profonde, et toujours agenouillé aux pieds de la vieille femme qui ne le savait même pas là.

A la fin, la marquise se redressa, et regardant le jeune homme avec une tendresse infinie, murmura en souriant d'un sourire navré :

— Mon pauvre petit, ma filleule vous a imposé là une terrible corvée...

Tandis que, à moitié désolé, à moitié amusé par la cocasserie de sa situation, Pierrot pensait à part lui :

— Le fait est qu'elle me fait faire des devoirs de vacances qui ne sont pas ordinaires, madame de Mussy !...

X

Quand, la veille de son départ, Pierrot alla
dîner à Arboise avec l'abbé Sylvain, il s'inquiétait un peu de ce que ferait Francette.
Bien sûr, elle allait vouloir lui parler !... Depuis le soir où elle lui avait nettement signi-
fié sa volonté, jamais elle n'avait fait la
moindre allusion à ce qui s'était passé entre
eux. Très simple, très affectueuse, elle demeurait la gosse remuante, volontaire et
rieuse de jadis, qui n'avait d'yeux que pour
son ami Pierrot. Bien qu'elle eût quinze ans,
elle ignorait la coquetterie, et semblait absolument inconsciente de sa beauté.

Pierrot, lui, devenait, à vivre ainsi à côté
de Francette, tout à fait malheureux. Son

affection s'était transformée. Les façons
d'être et la liberté de la petite le mettaient
continuellement au supplice. Il avait hâte
d'être parti. Et puis, le voyage à Nancy avec
madame de Mussy, le lugubre service dans la
petite église d'Aiguevive, la touchante
sympathie que lui témoignaient les vieux
Aiguevive, et la marquise surtout, l'avaient
impressionné et troublé extraordinairement.

Et ce soir-là, malgré l'affectueux accueil
des Arboise, malgré le gazouillis de Francette, qui avait mis sa plus belle robe pour
faire honneur à son ami Pierrot, malgré la
gaîté et l'humour de la Tante Lise, Pierrot se
répétait continuellement les cinq mots qui
lui revenaient à l'esprit malgré lui :

— J'ai passé de sales vacances !...

— Tu vas me donner de tes nouvelles, je
pense, quand tu seras à Lyon ?... — demanda tout à coup Francette.

— Mais oui... certainement...

— Tu réponds joliment mollement !... Tu
sais, faut pas t'forcer si ça t'embête !...

— Comment peux-tu penser que...

— Comment j'peux penser que ?... Mais
pa'ce que tu fais une tête horrible rien qu'à
l'idée de m'écrire !... Oh !... dis pas non !...
j'l'ai bien vu !...

Et sans lui laisser le temps de répondre,
elle demanda :

— Où vas-tu demeurer ?....

— Rue Gambetta... Ça te dit quelque
chose ?....

— Rien de rien !... Dis donc, tu vas pouvoir t'en donner, dans le Rhône, hein, des
pleines eaux ?...

— Le fait est... — dit Pierrot en riant —
que s'il y a des poupées japonaises à repêcher là-bas, ça me connaît !...

— A propos !... — fit tout à coup Francette — tu as un concurrent, ici, tu sais !...
Oui... quelqu'un qui nage aussi bien
qu'toi...

— Qui donc ?... — demanda l'abbé Sylvain, qui, bon nageur lui-même, tenait Pierrot pour le meilleur nageur qui fût.

— Monsieur de Boigny !... — affirma

Francette. — nous l'avons vu avant-hier qui
se baignait dans les courants, nous deux
Tante Lise, en nous promenant à cheval...
Pas, Tante Lise, que c'est vrai ?...

— C'est très vrai... Adrien est un merveilleux nageur...

— Ça m'paraît drôle, Tante Lise, que
vous l'appeliez Adrien, ou que n'importe
qui de bien l'appelle Adrien... parce que, il
nage épatamment, mais l'a l'air d'une sale
crapule, M'sieu d'Boigny !...

— Vraiment !... — fit la duchesse mécon-
tente — tu emploies des mots !...

Et s'adressant à son mari elle ajouta :

— Vous devriez la gronder, mon ami...
C'est encore vous qu'elle écoute le mieux...

— Il est vrai... — dit le duc en riant —
que crapule est plutôt un mot à éviter...
mais quand c'est à propos d'Adrien qu'elle
l'emploie, je ne me sens pas le courage de la
gronder...

— C'est vrai... — dit Pierrot qui depuis
un instant semblait pensif — il a une vilaine
bobine, monsieur de Boigny...

— Tiens !... — fit le duc étonné — tu le connais, toi ?...

— On me l'a montré... — répondit Pierrot en rougissant...

Il ne voulait pas dire : « Je l'ai reconnu. »

La vérité était pourtant qu'il avait rencontré Boigny deux jours auparavant dans la forêt de Haye et que, à l'instant même, il avait reconnu ce visage oublié !... Oui... Cette tête bestiale aux traits pourtant fins, ces yeux troubles et clignotants, cette silhouette râblée et vulgaire, il les avait entrevus jadis, aux alentours de la petite maison de Maron... Qu'était-ce donc que cet individu venait faire alors dans la vie de ses parents ?... Car des tas de détails oubliés avaient surgi tout à coup. Il revoyait le père Thouvenin, un beau gas lorrain agile et solide, menaçant du poing le monsieur qui s'enfuyait et lui criant : « J'aurai ta peau, sale mouchard !.. » Sale mouchard ?... Pourquoi ?... Qu'est-ce que ses parents avaient donc fait pour que l'on pût les moucharder ?... Pourquoi sa mère, surtout, pâ-

lissait-elle au seul nom de monsieur de Boigny ? C'était elle qui, peut-être, avait quelque chose à se reprocher... Car Pierrot,
troublé, anxieux, depuis cette rencontre, se
rappelait que, au moment où ils étaient
venus habiter Pont-Saint-Vincent, peu après
leur installation, le maire était entré chez
eux un jour... Et il avait questionné sa mère.
Il avait demandé : « Est-ce que vous avez
été nourrice ?... » Et elle avait répondu :
« Non, jamais ! » Pourquoi donc avait-elle
répondu ça ?...

Pierrot savait bien qu'elle avait été nourrice. Elle le lui avait dit plus de cent fois.

— Annette t'a-t-elle prévenu qu'il est
venu te demander tout à l'heure ?... — questionna tout à coup l'abbé Sylvain.

— Qui ça ?...

— Ben, monsieur de Boigny...

— Me demander, moi ?... — balbutia le
jeune homme troublé — Pourquoi ?...

— Pour te recommander un homme appelé Gilpin... il a donné son nom... qui est
dans ton peloton, paraît-il, et qui a été à son

service et voudrait être ordonnance... Un
excellent valet de chambre...

— Ah !...

— Il a dit qu'il t'écrirait...

— Sois gentil pour l'homme tout de
même, vieux Pierrot ?... — demanda Francette en riant.

Le dîner et la soirée se traînèrent. L'abbé
Sylvain était tout triste à la pensée de perdre
son enfant adoptif le lendemain et pour de
longs mois peut-être. Francette, au fond,
s'inquiétait fort de toutes les difficultés
qu'elle trouverait entre elle et le bonheur,
et Pierrot se sentait nerveux et mécontent
de lui-même.

Le soir, en le quittant, Francette lui dit
très simplement, devant tous :

— Tu n'oublieras pas ce que je t'ai dit,
vieux Pierrot ?... C'est immuable, tu sais !...

— Qu'est-ce qu'elle t'a dit ?... — demanda la Tante Lise vaguement inquiète.

Pierrot répondit en rougissant :

— Des bêtises, probablement...

Six mois se passèrent. Pierrot, de loin en loin, écrivait à Francette des lettres gentilles et banales qui ne lui faisaient aucun plaisir.

— Il veut me décourager... — dit-elle un jour à madame de Mussy ; — mais il n'y arrivera pas... y a pas mèche...

Et comme la Tante Lise essayait de faire de la morale à sa nièce, et de lui démontrer qu'elle s'entêtait à une chimère et que Pierrot était dans le vrai, la petite lui dit nettement :

— Tout ce que vous me direz, Tante Lise... vous ou d'autres... et puis rien, c'est kif-kif, voyez-vous... Je serai la femme de Pierrot ou de personne...

— Mais songe au chagrin de ton grand-père et de ta grand'mère qui t'ont élevée, qui t'adorent...

— Je n'épouserai pas Pierrot malgré eux, bien sûr !... Je n'irai pas non plus me jeter dans la Moselle !... Je resterai comme je suis et je n'en mourrai pas... et voilà !... Seulement, ça m'embête quand je me rends compte que Grand-mère échafaude sur ma tête des projets magnifiques...

— Pauv' maman !... — fit la Tante Lise apitoyée — quels projets ?... Qu'est-ce donc qu'elle t'a dit ?...

— Elle m'a expliqué que, à dix-huit ans... ou plutôt à dix-sept ans trois quarts, enfin l'hiver qui précédera mes dix-huit ans, on me conduira un peu dans le monde... Elle m'a dit que j'avais deux millions de dot qui me venaient de papa et de maman... que je pourrais choisir librement un mari sans me préoccuper de la question d'argent...

— Et qu'est-ce que tu as dit ?...

— Rien !... mais j'ai pensé : « j'te crois que je m'en préoccuperai pas, de la question d'argent !... pas plus que des autres d'ailleurs... »

Et machinalement elle se mit à fredonner l'air de : *J'ignore son nom, sa naissance...* de « Si j'étais Roi ». Ce jour-là, comme toujours, madame de Mussy haussa les épaules et changea de conversation.

Un matin, l'abbé Sylvain arriva, tout essoufflé, une dépêche à la main. Madame de Mussy était dans le salon avec Francette.

— Qu'est-ce qu'il y a ?... — cria la petite effarée... — Je suis sûre qu'il est arrivé quelque chose à Pierrot...

— Mais non... c'est-à-dire je ne sais pas... Je venais précisément voir ce que disent les journaux de Paris, car je ne comprends rien à cette dépêche...

— Voyons !... — fit la petite d'Arboise en arrachant à l'abbé ébahi la dépêche qui disait : « Ai aucun mal sérieux, mais tenais à vous avertir pour le cas où vous verriez la chose dans les journaux. Amitiés. »

— Aucun mal sérieux !... qu'est-ce qu'il y a !... — s'écria Francette frémissante en bouleversant les journaux qui venaient d'arriver — Qu'est-ce qu'il a, mon Dieu !... qu'est-ce qu'il peut avoir ?...

Elle s'arrêta tout à coup dans ses recherches, stupéfaite de voir le marquis d'Aiguevive qui entrait Le Gaulois à la main. D'un bond, elle fut près de lui.

— Qu'est-ce qu'il y a ?... vous savez ce qu'il y a ?...

L'arrivée du vieux voisin à cette heure matinale et le journal qu'il apportait, indiquaient à madame de Mussy qu'il venait, lui aussi, pour parler de Pierrot. Elle demanda, inquiète à son tour :

— Vous avez des nouvelles ?... Qu'est-ce qu'il y a ?...

— Je ne sais que ce que dit le journal et je venais précisément... ou plutôt c'est ma femme qui m'envoie... Depuis qu'elle a lu cette information, elle est dans un état violent...

Et, dépliant Le Gaulois, il indiqua un fait divers qui, sous ce titre : « Encore l'alcoolisme », racontait que l'ordonnance du lieutenant de dragons Thouvenin avait, à Lyon, tiré deux coups de revolver sur l'officier qui avait été atteint à l'épaule gauche et au côté.

Toute pâle, les lèvres tremblantes, Francette écoutait, crampcnnée à une table qu'elle pétrissait de ses jolies mains.

— Vous allez partir !... partir tout de
suite, monsieur le Curé!... — ordonna-t-elle
d'une voix blanche, tandis que le marquis
d'Aiguevive la regardait étonné, en disant :

— La voilà comme ma femme !... absolument comme elle !...

Et, se tournant vers la Tante Lise, trou-
blée elle aussi, il expliqua :

— Depuis que vous avez envoyé ce garçon ramener les corps de nos enfants, ma
petite Lise, ma pauvre femme en parle sans
cesse... Elle s'est prise pour lui d'une sin-
gulière affection... qu'il justifie pleinement,
d'ailleurs, car je reconnais qu'il est très
charmant... Toujours est-il que cette affection, un peu maladive en somme, la pousse
à s'exagérer tout ce qui concerne ce jeune
homme... et qu'elle m'a fait partir immédiatement pour aller aux nouvelles... Je
vous demande pardon d'être venu vous déranger à cette heure-ci... Elle va être rassurée quand elle saura que l'ami Pierrot a
envoyé cette dépêche... Et puis, monsieur le
Curé, si vous allez à Lyon...

— Certes, j'y vais.... — affirma l'abbé Sylvain.

— Voudrez-vous me faire savoir quand vous serez de retour ?... Je viendrai prendre des nouvelles...

— J'irai vous en donner !... — dit Francette qui sauta au cou du vieillard un peu surpris.

Sans aucune gêne, la petite expliqua son mouvement en disant :

— Je vous aimais déjà beaucoup tous les deux, mais je vous aime encore plus puisque vous aimez mon ami Pierrot...

En voyant sa maîtresse embrasser le marquis, le chien de Francette était allé frotter contre lui son grand corps blanc couvert d'un poil rude et hérissé.

— Tiens !... — fit le vieillard étonné — on dirait que *La Terreur blanche* a rajeuni...

Francette se mit à rire :

— Voyons... c'est plus mon premier Terreur blanche... Il y a longtemps qu'il est mort... c'est son fils...

— Ah !... ce qu'il lui ressemble !...

— Oui... mais il est bien plus fort encore... et bien plus méchant !... Méchant
quand il faut, s'entend !... Il a concouru
avec les chiens de police... il a eu la première médaille d'or. Regardez-la... elle est à
son cou... C'est grand-père qui l'a fait
dresser...

— Oui... — expliqua madame de Mussy
— comme Francette a la fâcheuse manie de
s'échapper sans cesse pour courir toute
seule chez vous ou chez d'autres voisins,
Papa n'était jamais tranquille... Avec
ce chien féroce, il l'est... ou à peu
près...

— Mais elle ne l'amène jamais à Aiguevive... — dit le marquis.

— Toujours !... — affirma Francette —
mais il m'attend en bas de l'avenue... J'ai
peur qu'il n'abîme les parterres du beau jardin français d'Aiguevive... Il n'a pas son
pareil comme un chien de police, mais
comme chien mondain il laisse énormément
à désirer... Allons, ma jolie Terreur

blanche !... montrez vos belles dents au
monsieur...

Elle avait saisi la grosse tête du chien et,
ouvrant à deux mains la formidable mâ-
choire, elle montrait au marquis les dents
blanches et énormes d'un éclat merveilleux.

— C'est vraiment effrayant !... — fit monsieur d'Aiguevive — effrayant et magnifique... Mais je me sauve, moi, ma pauvre
femme compte, j'en suis sûr, les minutes en
m'attendant...

Trois jours plus tard, après un éreintant
voyage, l'abbé Sylvain arrivait à Arboise. En
apprenant que Francette était venue déjà
cinq ou six fois au presbytère, le prêtre se
rendit immédiatement au château. Dès son
arrivée à Lyon, il avait tout de suite envoyé
des nouvelles rassurantes. Néanmoins, Francette, pâle, le visage tiré et comme vieilli par
l'angoisse, l'attendait en tremblant.

Le duc et la duchesse, et madame de Mussy
accoururent aussi à l'annonce de la visite de
l'abbé.

— Eh bien ?... — demanda le duc — comment est arrivé cet accident ?...

— De la façon la plus étrange... A propos de rien, sans rime ni raison, ce Gilpin a tiré sur lui dans sa chambre, pendant qu'il lisait...

— Gilpin !... — s'écria Francette qui se dressa d'un jet — mais c'est l'homme que monsieur de Boigny était allé recommander à Pierrot chez vous, monsieur le Curé...

— Tout juste !... Vous avez de la mémoire, ma petite Francette...

— Oh !... — murmurait la jeune fille, les dents serrées. — Oh ! mon Dieu !...

Elle était si pâle, son pauvre visage défait exprimait une si grande souffrance, que la Tante Lise s'élança vers elle, croyant qu'elle allait s'évanouir.

— Allons, voyons, assieds-toi !... — dit-elle affectueusement — tu es là à trembler comme une grande feuille... et, maintenant que le danger est passé, c'est vraiment idiot, mon petit !...

— Il est passé pour cette fois-ci, Tante

Lise !... mais il reviendra !... Vous le savez
bien, qu'il reviendra... — murmura la jeune
fille.

Et, se jetant au cou de sa tante, elle se mit
à sangloter de tout son cœur, tandis que le
duc et la duchesse se regardaient terrifiés.

Jamais ils n'avaient vu pleurer leur petite-
fille. Souvent, autrefois, madame d'Arboise
s'était étonnée de ce qu'elle prenait pour de
l'indifférence avant d'avoir pu apprécier
l'exquise sensibilité de l'enfant. Mais toujours son mari l'avait rassurée.

— Vous vous plaignez vraiment que la
mariée est trop belle... — disait-il en riant
— les femmes qui pleurent pour un oui ou
pour un non sont odieuses entre toutes...
C'est de la nervosité, de la faiblesse, c'est
tout ce que vous voudrez, excepté de la sensibilité... Et vous regrettez que Francette
n'ait pas cet affreux et vulgaire défaut des
larmes faciles... Le jour où elle aura un
grand chagrin, une violente secousse, elle
pleurera peut-être, mais ce jour est loin, j'espère...

Et voilà que ce jour était venu, révélant aux deux vieillards effarés ce qu'ils se reprochaient à présent de n'avoir pas aperçu et conjuré lorsqu'il en était temps encore.

Et, à l'instant où ils se demandent, hésitants et voulant espérer malgré tout, si ce qu'ils prennent pour de l'amour n'est pas tout bonnement une très grande affection, Francette, inconsciente, indifférente à la présence de ses grands-parents, balbutie, en roulant sa tête sur l'épaule de madame de Mussy :

— Voyez-vous, Tante Lise, je mourrai si on me tue mon Pierrot !...

XI

— Veux-tu venir à Nancy avec moi, ma chérie ?...

— Je veux bien, Grand-père... Vous allez essayer les nouveaux chevaux ?...

— Oui... et aussi faire quelques courses pour la maison... Ta Grand'mère est trop fatiguée pour faire ses habituelles commissions du samedi...

— Pauv' Grand'mère!... — dit Francette. Elle savait bien pourquoi la duchesse était, non pas seulement fatiguée, mais malade.

Depuis l'aventure de Pierrot, aucune explication n'avait eu lieu. Avec cette veulerie particulière aux vieillards, les Arboise l'a-

vaient évitée et Francette n'avait nullement
le désir de la provoquer.

La jeune fille, redevenue apparemment
gaie, semblait avoir oublié les transes par
lesquelles elle avait passé. Pierrot, guéri des
blessures en séton que lui avaient faites les
deux balles, écrivait des lettres pleines de
bonne humeur et d'entrain. La vie normale
reprenait son cours.

Après avoir fait quelques tours dans les
rues pour voir si les chevaux « tenaient bien
le pavé » et n'avaient peur ni des tramways,
ni des plaques d'égout, ni de rien de ce qui
peut les effrayer, le duc avait conduit le
break à l'hôtel et donné l'ordre de dételer.

— Maintenant, nous allons faire les commissions de ta grand'mère !... — dit-il gaiement à Francette qui trottait à côté de lui.

— Allons !... — dit la petite.

Ils commencèrent par le confiseur de la
rue Héré. Ils sortaient de la boutique et
s'apprêtaient à traverser la place Stanislas,
lorsqu'un monsieur, assis à la terrasse du
café qui est l'angle de la place et de la rue

Héré, se leva, et les talons rapprochés, le bras largement développé, salua avec une affectation exagérée de respect.

Le duc, sans regarder, avait rendu le salut. Il était ainsi salué presque à chaque pas, puisqu'il connaissait presque tous les gens qu'il rencontrait. Mais le visage de Francette s'empourpra, et, quittant brusquement son grand-père, elle revint en arrière par un brusque crochet.

— Monsieur de Boigny, je crois?... — fit-elle en toisant avec insolence le monsieur qui n'avait pas eu le temps de se rasseoir.

— Oui, mademoiselle... — murmura Boigny, vaguement inquiet.

— Françoise !... — cria le duc effaré — Françoise, viens ici !...

Mais la jeune fille ne l'entendait même pas. Debout en face du baron, très pâle, le visage durci, tremblante de colère, elle disait :

— Vous avez voulu faire assassiner le lieutenant Thouvenin, monsieur... C'est raté pour cette fois, à ce qu'il paraît... mais vous

avez peut-être l'intention de recommencer,
puisque, pour une raison que j'ignore, vous
le poursuivez depuis toujours...

— Mademoiselle... — balbutia Boigny
déconter ancé — je ne sais pas en vérité ce
que vous voulez dire...

— Ceci... C'est que si jamais, vous m'entendez bien, jamais, mon ami Pierrot, par
votre fait, court un nouveau danger ou se
voit seulement menacé d'en courir un, alors,
moi, je vous fais votre affaire.... et je vous
jure bien que je ne vous raterai pas...

Le visage enfantin de Francette s'était
transformé. Le duc d'Arboise, affolé, ne re-
connaissait plus sa petite-fille.

— Tu es folle, ma pauvre petite, absolument folle !... — dit-il à Francette qui le
rejoignait, tandis que M. de Boigny se ras-
seyait au milieu des ricanements hostiles.

— Je vous demande pardon, Grand-
père... — dit la jeune fille dont la voix tremblait encore un peu — mais ce que j'ai dit
est vrai... et je n'ai pas pu m'empêcher de
le dire...

— Mais nous ne savons même pas si c'est Boigny qui fait agir ce soldat ?...

— Allons donc !... Vous savez bien que c'est lui... et vous n'avez pas attendu cet assassinat raté pour savoir à quoi vous en tenir sur le compte de ce monsieur...

— Mais tu ne sais pas ce que tu dis !...

— Pourquoi donc avez-vous refusé pour moi Aiguevive et la fortune que nos amis voulaient me donner ?... parce que vous craigniez pour ma vie... Oh ! ne dites pas non, Grand-père !... On parle devant les tout petits, on croit qu'ils ne comprennent pas... Et en effet, ils ne comprennent pas tout de suite, mais plus tard ils se souviennent de ce qu'ils ont entendu... Pardonnez, dites, Grand-père ?... et soyez bien paisible... Je n'épouserai jamais Pierrot malgré vous... Je comprends parfaitement qu'un tel mariage doit vous sembler impossible... et je respecterai votre volonté...

— Laisse-moi tranquille !... — dit le duc exaspéré.

La duchesse fut consternée en apprenant

que sa petite-fille avait menacé publiquement
M. de Boigny.

— Mais c'est épouvantable, épouvantable !... — répétait à madame de Mussy la
pauvre femme désolée — une jeune fille
comme Francette !... se donner ainsi en
spectacle, se commettre avec cet individu...

— Bah ! il ne faut pas non plus pousser
les choses au noir... Qui sait si elles ne vont
pas s'arranger pour le mieux, les choses ?...

— S'arranger ?... Il faudra bien qu'elle
épouse Pierrot puisqu'elle l'aime !... Et moi
aussi, je l'aime bien, ce petit... et aussi ton
Papa !... Mais sapristi !... Francette s'appelant madame Thouvenin !... Francette avec
son grand air... Vrai, je ne vois pas ça !...
Et tu as beau dire, ma pauvre fille, je suis
bien sûre que tu ne le vois pas non plus...

— Non, Maman... mais je vois peut-être
autre chose...

Après le déjeuner, Francette s'étonna en
croisant madame de Mussy qui descendait
l'escalier en amazone.

— Comment, Tante Lise, vous montez

à cheval et vous ne m'emmenez pas ?...

— Non, mon petit !...

— Vous êtes donc fâchée, vous aussi ?...

— Pas du tout !... Je trouve que tu t'es conduite comme une jeune serine, mais je ne suis pas fâchée pour ça...

— Alors ?...

— Alors je vais faire une course pour laquelle tu me gênerais beaucoup...

— Eh bien, voilà !... — dit madame de Mussy qui était montée chez ses parents en rentrant de sa promenade—c'est arrangé!...

— Qu'est-ce qui est arrangé ?... — demanda le duc bourru — tu as toujours un diable d'air satisfait qui est exaspérant...

— C'est que je suis très satisfaite en effet de la façon dont j'ai employé mon après-midi...

— Tant mieux pour toi !...

— Ne me bousculez pas, Papa !... Vous allez voir que, pour une fois, vous ne me trouverez pas si bête...

— Qu'est-ce qu'il y a, voyons ?...

— Il y a que les Aiguevive adoptent Pierrot... Le nom, la fortune, ils ont trouvé du coup l'emploi du tout et ils jubilent... C'est la première fois, depuis la mort de Georges, que je les ai vus un peu calmes et détendus...

— Est-ce possible !... — murmura le duc ravi — Il est certain que je n'aurais pas osé rêver un pareil dénouement à cette ridicule aventure...

— Il n'y a qu'un point noir à cette combinaison, c'est ce misérable Boigny !... — dit la duchesse — car si on ne s'explique pas pourquoi, jusqu'ici, il en a voulu à ce malheureux Pierrot, on comprend de reste pourquoi il lui en voudra maintenant...

— Ah ! dame !... il faudra qu'il ouvre l'œil !... d'autant plus que son régiment est envoyé à Nancy... Le curé vient de recevoir une lettre de lui... Il nage dans la joie, le curé !... Son Pierrot millionnaire et marquis !... Il n'avait jamais rêvé ça pour lui, le pauv' bonhomme !...

— Et Francette, qu'est-ce qu'elle dit ?...

— Francette ne sait rien... Il faut laisser
à ma pauvre Marraine le plaisir de lui raconter tout ça... D'ailleurs, elle était résignée à ne pas se marier si telle était votre
volonté... Oh !... c'est une bonne petite fille,
allez !... et qui a de l'estomac !...

XII

L'histoire de l'adoption s'était répandue comme un trait de poudre à Nancy et dans les environs.

Les pauvres châtelains d'Aiguevive se reprenaient à vivre, sans toutefois sortir de la profonde retraite où ils s'étaient volontairement ensevelis.

L'hiver venait, neigeux et glacial.

Comme l'annonce du mariage de Francette n'était pas encore officielle, elle avait continué à aller dans le monde un peu.

Un soir madame de Mussy l'avait conduite au bal dans un château voisin, et elle la regardait valser en s'endormant à demi sur sa chaise, quand son attention fut attirée par la conversation de quelques hommes groupés derrière elle et qu'elle connaissait presque tous.

— Comment ?... — disait le colonel de Granpré — les Aiguevive adoptent le petit Thouvenin, un gentil officier d'ailleurs... Mais alors l'enfant de ce pauvre Georges est donc mort aussi ?...

— Un enfant !... Georges d'Aiguevive !... Mais jamais, mon Colonel !... Vous devez vous tromper... — dit M. de Montmédy stupéfait.

— Ah ! quant à ça non !... je ne me trompe pas !... C'est moi qui l'ai déclaré à la mairie... C'était un garçon...

— Où ça, à la mairie ?...

— A Lunéville où il est né... vers dix-neuf cent, ou dix-neuf cent un, je ne sais plus trop... J'étais le camarade le plus intime de Georges... nous étions lieutenants tous les deux en ce temps béni...

— Mais personne ne l'a connue, cette naissance ?... — dit madame de Mussy se mêlant malgré elle à la conversation.

— Il n'en est pas moins vrai qu'elle a eu lieu, madame, affirma le colonel, cela, je vous le garantis !...

— Mais les Aiguevive eux-mêmes ne l'ont jamais soupçonnée... — reprit de nouveau la Tante Lise.

— Dame !... leur fils n'était pas avec eux dans des termes à la leur annoncer !... Dans tous les cas, il me semble que si la mort de ce petit n'a pas été constatée, les Aiguevive n'ont pas légalement le droit d'adopter un étranger...

— Évidemment non !... — murmura madame de Mussy qui se sentait la tête vide et les jambes en coton — mais qu'est-ce qu'ils en ont fait, de cet enfant, les Georges ?... l'ont-ils emmené aux Indes avec eux ?...

— Je l'ignore absolument, Madame... Du jour où Aiguevive a quitté le régiment, je n'ai plus jamais entendu parler de lui !...

— Mais... — demanda encore madame de Mussy, comment le retrouver s'il vit ?... Quelles démarches faire ?... Sans indices... sans rien...

Plus encore qu'à Francette et à Pierrot,
elle songeait à ses pauvres amis qui avaient
cru refaire leur vie et qui allaient être malheureux et ballottés de nouveau.

— Le mieux... — dit le colonel — serait
de chercher aux environs de Lunéville, ou
de mettre une note dans les journaux...
mais, au fond, ça doit être inutile... depuis
vingt-trois ans, il a dû mourir, cet enfant !...
Sans quoi on eût entendu parler de lui... Les
Aiguevive ne l'eussent pas fait assassiner,
n'est-ce pas ?... Alors, pourquoi se serait-il
caché ?...

Remarquant l'agitation de madame de
Mussy, le colonel de Granpré reprit :

— Je suis vraiment désolé, Madame,
d'avoir levé ce lièvre... je vous ai inquiétée,
et pour rien probablement...

Ma pauvre Marraine !... — pensait la Tante
Lise — quelle joie elle aurait eue de ce petit-
fils !...

— Tenez !... — dit tout à coup le colonel
— il y a quelqu'un qui, s'il vit encore, pourrait donner sur tout ça des renseignements

précis... C'est l'ancien médecin du régiment, le major Faubert... Je sais qu'il avait
pris sa retraite à Niort, son pays... C'est lui
qui avait assisté la petite madame d'Aiguevive au moment de la naissance de l'enfant...
Et, comme les Aiguevive manquaient d'argent, puisqu'ils avaient pour tout potage
la solde de Georges, qu'ils avaient été obligés
de mettre le petit bonhomme en nourrice, et
que Georges prétendait que les nourrices
changeaient les enfants et rendaient n'importe quoi quand les vrais étaient morts,
Faubert avait exécuté sur le petit un tatouage
quelconque... afin d'être sûr qu'on ne le
changerait pas... Ce détail me revient avec
une extraordinaire netteté... Nous deman-
dions toujours aux Aiguevive des nouvelles
de leur petit tatoué...

— Quel tatouage avait-on fait à l'enfant ?... dit madame de Mussy.

— Je ne sais plus... Si je l'ai jamais su,
je l'ai oublié totalement... Mais on pourrait
écrire au docteur Faubert... et, pour les
dates de la naissance et du baptême, consul-

ter les registres de la mairie de Lunéville et
de la paroisse Saint-Jacques... Je suis pour
cela à votre disposition, puisque me revoilà
en garnison à Lunéville... pour la quatrième
fois de ma vie !... J'y retrouverai facilement
l'acte de naissance de mon filleul... Car, c'est
abominable à avouer, mais il était mon filleul, ce malheureux gosse duquel je ne me
suis jamais soucié...

— Vous rappelez-vous comment il s'appelait, votre filleul ?... — demanda madame
de Mussy...

— Oh ! quant à ça, parfaitement !... Il
s'appelait Pierre, à cause de son grand-père,
Antoine à cause de moi, et Marie-Yves, parce
que c'étaient les noms que portaient tous les
Landevenec...

— Ah !... — balbutia la Tante Lise qui
sentait peu à peu revenir ses idées et ses
jambes.

XIII

Le lendemain, madame de Mussy quittait
Arboise et n'y rentrait qu'au bout de quelques jours.

Peu après son retour, on lisait dans tous
les journaux de Paris et de province cette
petite note placée bien en vue en première
page, et imprimée en caractères très noirs :

« Le docteur Faubert, ancien médecin-
major aux dragons, prie la personne qui
porte un petit trèfle à quatre feuilles tatoué
sous la plante du pied gauche de vouloir
bien se faire connaître à lui. Il s'agit d'un
héritage. Le docteur Faubert prévient qu'il
serait inutile de se faire tatouer un trèfle et

de se présenter. Le petit trèfle recherché est accompagné d'un signe qu'il est superflu de désigner et qui est destiné à le faire reconnaître entre tous.

Médecin-major en retraite, FAUBERT.
Rue des Piques,
à Niort
(Deux-Sèvres). »

Le marquis et la marquise vivaient depuis huit jours dans des transes perpétuelles. Après s'être tant réjouis d'adopter ce Pierrot que la marquise aimait déjà, et d'avoir pour petite-fille Francette, ils retombaient dans une incertitude pire que la douleur de jadis. Quel serait cet enfant si on le retrouvait ?... Qu'avait-il pu devenir ?... Un dévoyé probablement, ou même un drôle ?... ou quoi ?...

Le matin où la note parut dans les journaux, Francette tournaillait après le déjeuner dans le salon. Elle trouvait que, depuis quelques jours, « tout le monde avait un

drôle d'air... » Elle sentait un malaise dont
elle ne s'expliquait pas la cause, puisque la
Tante Lise ne lui avait rien raconté. Le
voyage mystérieux de sa tante l'inquiétait
aussi. Elle redoutait quelque chose d'obscur
et d'indéfini. Elle, habituellement si brave,
elle avait peur...

Enfin, elle fut s'asseoir près de la fenêtre
et prit le premier journal qui lui tomba sous
la main. C'était *Le Temps*, qui avait paru la
veille au soir à Paris et venait d'arriver par
le courrier du matin. Machinalement elle le
parcourait, en pensant à autre chose, lorsque
tout à coup elle se leva en poussant un cri.

— Ne crie donc pas comme ça !... tu m'as
fait peur... — dit la duchesse qui, surprise, avait laissé tomber son tricot.

Mais Francette semblait ne rien entendre.
Le doigt posé sur l'article qui se détachait
très nettement au milieu de la page, elle
criait :

— C'est Pierrot, le trèfle !... c'est Pierrot !... Et le petit signe dont parle l'annonce,
c'est deux petits bâtons croisés... comme les

bâtons des maréchaux !... Il va faire un héritage, mon ami Pierrot !... Quelle veine !...

— Comment diable sais-tu que Pierrot a
un trèfle sous la plante du pied, alors que, le
curé et Annette ne le savent ni l'un ni
l'autre ?... — demanda la Tante Lise étonnée.

— Parce que je le voyais, quand il m'ap-
prenait à faire la planche... et qu'il plaçait
ses pieds comme il fallait pour me montrer... Une fois je lui ai dit :

— Tu as un petit trèfle!... Il m'a répondu
« oui »... j'sais pas pourquoi on s'est amusé
à me faire ça... C'est vraiment idiot !...

— Si Pierrot a le petit trèfle que l'on
cherche... — dit le duc — il va lui arriver
mieux qu'un héritage...

— Il va m'épouser, mais ça, on le sait
bien...

— Si Pierrot a le trèfle, il est le petit-fils
de nos amis d'Aiguevive... Comprends-
tu?...

Francette, les yeux brillants, le corps
frémissant, eut un grand mouvement de

joie. Puis elle se calma, et dit simplement :

— Eh ! allons donc !...

A quatre heures, sous la neige qui tombait à gros flocons, l'abbé Sylvain parut.

Il avait reçu une dépêche de Pierrot qui arrivait le soir.

— Je ne sais pas si sa venue a un rapport quelconque avec la note des journaux, commença-t-il, mais je suis tenté de le croire, car autrement elle ne s'expliquerait guère...

— Mais, monsieur le Curé, c'est lui !... affirma la tante Lise en riant — Francette connaît le petit trèfle !...

— Pas possible !... — murmura le prêtre abasourdi.

— Puisque Pierrot vient... — dit madame de Mussy — je supprime ma course à Aiguevive... les pauvres gens auront quelques heures de torture de plus, mais leur bonheur sera bien plus grand d'apprendre la nouvelle par Pierrot lui-même... N'est-ce pas, Francette ?...

— Il ne peut être à Arboise qu'à sept

heures... — dit le duc — alors, monsieur le
Curé, puisqu'il faut bien qu'il dîne, et vous
aussi, venez dîner avec nous... Ensuite il ira
là-bas... c'est si près...

Pierrot était moins surpris qu'on n'eût
pu le penser de l'étonnante nouvelle. Trop
de souvenirs confus demeuraient dans sa
tête. En y réfléchissant, il se rappelait
que sa vie n'avait jamais été normale. Et
l'aquarelle représentant Aiguevive dont il
se souvenait !... et Balbine, qui lui appre-
nait à se limer les ongles et à manger élé-
gamment !... et les uniformes, et les chiens,
et toutes les visions anciennes qu'il prenait
pour des rêves ! Et cette adoration que lui
avait inspirée la vieille marquise le jour où
elle avait pleuré en entendant sa voix. Mais
là où s'affirma surtout la nouvelle per-
sonnalité de Pierrot, ce fut quand, tout
joyeux, il saisit Francette et l'embrassa fol-
lement, en l'enlevant de terre comme un
joujou.

— Mâtiche !... — fit drôlement la petite
quand il la reposa sur le parquet — tu em-

brasses joliment bien depuis que tu as
changé de peau !...

Comme le jeune homme avait fait obser-
ver que, par cette neige qui collerait aux
pneus de l'auto, il valait beaucoup mieux
aller à pied par le raccourci de la forêt, la
petite d'Arboise déclara qu'elle l'accompa-
gnerait.

Mais Pierrot la supplia de n'en rien faire.
Elle serait trempée, ça l'inquiétait beaucoup. Et la Tante Lise fut d'avis qu'il était
aussi plus discret de ne pas assister à la
reconnaissance du petit-fils et des grands-
parents. Francette céda, mais elle accompa-
gna son cher Pierrot jusqu'au bas de l'avenue. La Terreur Blanche marchait derrière
eux soufflant dans la neige. Le chien semblait d'un gris sale au milieu de ce blanc
étincelant.

— A tout à l'heure !... — dit Pierrot qui
dévala au pas de gymnastique par le petit
sentier.

Francette allait tourner dans l'avenue,

lorsque, tout à coup, la Terreur Blanche
s'arrêta en grondant, reniflant l'air dans la
nuit. Instinctivement, la petite d'Arboise
saisit le chien par son collier. Il était temps.
Furieux, il voulait s'élancer sur une forme
noire qui avait traversé la route, se décou-
pant nettement sur la neige, et qui, maintenant, s'engageait dans le sentier qu'avait
pris Pierrot.

— Monsieur de Boigny !... — pensa
Francette qui avait reconnu la silhouette
râblée du voisin. Et terrifiée, elle conclut :

— Il va me tuer mon ami Pierrot... Ah !
mais non !... pas de ça !...

Elle attacha le porte-mousqueton de son
fouet au collier du chien, et se lança à la
poursuite du baron. Très vite, elle le rejoi-
gnit. « Francette marche comme un fac-
teur !... » avait coutume de dire madame de
Mussy. Elle entendit l'homme souffler à
quelques pas devant elle. Puis, il repartit,
après s'être arrêté un instant. Ils étaient à
quatre cents mètres du château, en plein
bois. Francette suivait sur la neige les pas

de M. de Boigny qui se fondaient parfois
dans ceux de Pierrot. Elle les reconnais-
sait seulement parce que le baron marchait
les pieds horriblement en dehors. Mais elle
se disait, rassurée, qu'au train dont il allait,
Pierrot devait être maintenant à Aiguevive.
Comme elle suivait d'assez loin M. de Boigny, et qu'elle arrivait à l'endroit où il lui
avait semblé qu'il s'arrêtait tout à l'heure,
elle vit qu'une des empreintes cessait complètement. Et, à l'instant même où elle faisait cette remarque, fauchée à la hauteur des
genoux, elle s'abattit brusquement dans la
neige.

Surprise, un peu assommée aussi, elle
étendit les mains et rencontra d'abord un fil
de fer tendu en travers du sentier, ensuite
la langue de la Terreur Blanche qui la léchait
doucement.

— Ah ! la rosse !... — pensa-t-elle en
se relevant endolorie — il avait mis ça pour
que Pierrot trébuchât au retour et il lui
serait tombé dessus ensuite !... Oh ! mon
Dieu !...

A ce moment, le chien imprima au fouet une si violente secousse, que la petite faillit tomber de nouveau. Elle s'arrêta, terrifiée.

— Il est là !... dans le taillis !... Je lâcherais bien la Terreur Blanche, mais il va le tuer...

Le formidable chien, arc-bouté sur ses pattes de derrière, le poil hérissé, la gueule grondante, tirait violemment, voulant s'élancer. Francette se rappela le magnifique dépeçage du mannequin qui lui avait valu sa médaille d'or.

— Bah !... — pensa-t-elle — c'est le cas ou jamais !... Allons-y !...

Et, détachant, le chien, elle cria de toutes ses forces :

— Hardi !... Ksss-Kss !... Amène !...

Un terrible cri lui répondit, suivi de craquements et de plaintes.

— Pour Dieu !... rappelez votre chien !... Rappelez...

Et elle n'entendit plus rien.

— Ksss... Ksss !... Hardi !... — fit-elle encore.

Nettement, elle percevait, très près d'elle, le souffle du chien qui s'acharnait, et ces mêmes craquements qui la terrifiaient, quelque effort qu'elle fît pour se raidir.

Les jambes molles, le cœur battant, elle alla décrocher le fil de fer d'un côté du sentier, et le laissant fixé de l'autre, le coucha dans le taillis. Puis, sifflant le chien, elle s'en fut en courant à Arboise et monta dans sa chambre pour enlever ses vêtements ruisselants.

— D'où viens-tu donc ?... — demanda le duc, quand elle rentra dans le salon — nous avions peur que tu n'aies, malgré tout, suivi Pierrot là-bas...

— Non — dit la petite... — mais je l'ai accompagné jusqu'au bas de l'avenue et il m'a fallu me changer entièrement !... Quel temps !...

La Terreur Blanche, allongé devant la haute cheminée, séchait son corps trempé de neige. Le duc le regarda.

— Tiens !... — fit-il — pendant que vous roucouliez tous les deux, ton chien n'a pas perdu son temps... Il a encore saigné quelques lapins !... son museau est tout barbouillé de rouge...

— Quelle horreur !... — murmura Francette.

XIV

Dans la bibliothèque d'Aiguevive, le marquis et la marquise, assis près du feu,
cherchent à occuper leur anxieuse attente.
Sur la table, des revues, les journaux, les
publications du jour sont jetés pêle-mêle,
à peine coupés, et ils s'efforcent vainement
de s'intéresser à l'un d'eux. Leur esprit
vague au loin.

— Quel temps !... — dit tout à coup la
marquise — ces rafales de neige sont lu-
gubres !

Son mari lui répond, distrait :

— L'hiver sera très dur !..

Tous deux pensent à ce fils adoptif qu'ils
s'apprêtaient à chérir, au vieux château ra-

nimé par la présence des enfants, à tout ce qui, de nouveau, leur échappe après qu'ils se sont repris à espérer.

La Tante Lise n'a pas fait connaître son espoir. Elle redoutait trop d'infliger à ses vieux amis une déception de plus.

Dans la grande bergère, la marquise s'est allongée, très lasse. Elle promène sur la flamme des yeux pleins de détresse, tandis que son mari la regarde avec compassion.

— Quelle tourmente !... — dit-elle encore d'une voix blanche, tandis que le vent secoue les arbres et les volets.

Doucement une porte s'est ouverte, un valet de pied paraît sur le seuil.

— C'est monsieur le lieutenant Thouvenin qui insiste beaucoup pour voir monsieur le marquis et madame la marquise. . . . . . .

— Ah !... mon Dieu !... — font les deux vieillards effarés — qu'est-ce qu'on va lui dire, à celui-là !...

A celui-là qu'on devait adopter, aimer, choyer, et qu'on rejette après lui avoir fait entrevoir le ciel.

Pierrot, en uniforme et poudré de neige, s'avance d'un air si radieux que le marquis a envie de se sauver pour éviter l'explication trop douloureuse.

La marquise le regarde, les yeux voilés, le cœur battant.

Alors Pierrot, qui enveloppe les deux vieillards d'un regard plein de tendresse, s'agenouille aux pieds de madame d'Aiguevive et lui dit seulement, de la belle voix qu'elle aime tant :

— Grand'mère !...

XV

— Vous ne savez pas !... — crie le duc
qui brandit joyeusement un journal local, —
Boigny est mort !...

— Ah bah !... Tant mieux !... — dit la
Tante Lise convaincue — De quoi est-il
mort ?...

— D'une mort très bien pour lui... C'est
à n'y pas croire... Écoutez ça ?...

« L'hiver lorrain sera, cette année, ex-
ceptionnelement rigoureux. Les loups ont
fait une apparition inaccoutumée et tra-
gique.

« Le baron de Boigny, un Lorrain qui,
cette année, villégiaturait à Senoncourt, a
été la nuit dernière leur victime. On a re-

trouvé son corps absolument broyé dans un bois dépendant du parc d'Aiguevive, où, coutumier du fait, d'ailleurs, le baron était occupé à tendre ou à relever les collets dans lesquels il prenait les daims du marquis d'Aiguevive. Dérangés sans doute au moment de leur repas, les loups n'ont même pas profité de leur chasse. Le cadavre du baron de Boigny est demeuré entier. La baronne, avertie par le maire de Pont-Saint-Vincent, a envoyé chercher les restes de son mari. Les obsèques auront lieu demain à la cathédrale de Nancy, à midi. L'inhumation se fera au cimetière de Préville. Ni fleurs ni couronnes. »

— Je crois que la recommandation est superflue — dit la duchesse — je ne vois pas qui pourrait avoir l'idée d'envoyer des fleurs ou des couronnes à Boigny ?...

La Tante Lise qui, pendant la lecture de l'article, a posé sur sa nièce ses yeux gais et clairvoyants, se précipite sur la Terreur Blanche qui s'étire mollement devant le feu, et embrasse sa grosse tête en déclarant :

— Tu es le plus beau et le meilleur des chiens !...

— Tu vois, Francette... — dit le duc en repliant le journal — que les méchants sont toujours punis sans qu'il soit nécessaire de s'en mêler, et que, quand tu as rencontré ce vilain monsieur sur la place Stanislas, il était bien inutile de le menacer en l'air de lui faire son affaire...

— Mais, Grand-Père... — affirme paisiblement Francette — quand j'ai menacé monsieur de Boigny de lui faire son affaire s'il touchait encore à mon ami Pierrot, je vous promets que ce n'était pas en l'air !...

FIN

E. GREVIN — IMPRIMERIE DE LAGNY — 3-25.

www.ingramcontent.com/pod-product-compliance
Lightning Source LLC
Chambersburg PA
CBHW071955040426
42447CB00009B/1342